《달은 어디에 떠 있는가》를 둘러싼 두세 가지 이야기

동국대학교 일본학연구소 번역총서

《달은 어디에 떠 있는가》를 둘러싼 두세 가지 이야기

이봉우 편저 | 정수완·채경훈 옮김

보고사
BOGOSA

「*TSUKIWA DOTCHINI DETEIRU*」*O MEGURU HUTATSUMITTSUNO HANASHI*
by Lee Bongwoo

Copyright © Lee Bongwoo, 1994
All rights reserved.
Original Japanese edition published by SHAKAIHYORONSHA
Korean translation copyright © 2020 by BOGOSABOOKS

옮긴이의 말

일본의 저명한 영화잡지 『키네마순보』가 2019년 창간 100주년을 맞이하여 연대별 최고의 영화를 선정하는 특집기획을 편성했다. 그중 1990년대 일본영화 베스트 10에 《달은 어디에 떠 있는가》가 1위로 뽑혔고 10월 상순 특별호의 표지를 장식했다. 개봉 당시 《달은 어디에 떠 있는가》는 영화 속에 등장하는 차별 용어, 재일조선인과 관련한 다소 '위험한' 표현들이 논란이 되었지만, 재일조선인의 일상과 일본 사회의 현실을 여실히 드러냈다는 평가도 동시에 받았다.

한국에서 《달은 어디에 떠 있는가》가 정식 개봉된 것은 최초 공개 후 약 15년이 지난 2007년이었다. 영화 속 '위험한' 표현들을 받아들이기까지 제법 시간이 걸렸음을 의미한다. 하지만 영화에 대한 오해와 오독은 지금도 가시지 않았다. 재일조선인에 대한 편견, 북한과의 관계, 일본 사회에 대한 무지가 여전히 뿌리 깊게 자리하고 있는 현재의 한국 사회를 보면, 이 영화의 진가를 이해하기까지 조금 더 시간이 필요할 듯하다. 대다수의 평론과 연구도 이 영화를 단순히 재일 '교포'에 관한 영화로만 치부하고 있다. 흥미롭게도 20년도 더 전에 나온 이 책에서 제작자 이봉우, 감독 최양일, 원작자 양석일, 각본가 정의신이 이러한 문제들을 정확히 지적하고 있다.

이 책에 실린 글들을 한 글자 한 글자 따라가며 디디른 곳은 재일조선인에 대한 우리 사회의 폭력적이고 일방적인 시선이다. 근대 이후 일본으로 건너가 정주한 조선인의 역사가 100년이나 됐지만, 아직도 우리는 '조선적'이 무엇인지 모른다. 그저 '북한 국적'으로 치부할 뿐이다. 게다가 한국의 미디어 속 재일조선인은 일본 사회에서 차별받고 소외된 존재, 우리가 따뜻하게 보듬어 줘야 할 것 같은 모습으로만 그려진다. 이러한 시선은 일본 사회의 그것과 본질적으로 크게 다를 바 없지만, 우리는 그 사실조차 깨닫지 못하고 있다. 《달은 어디에 떠 있는가》의 유쾌함을 불편하게 느끼는 것은 아마도 그러한 이유 때문일 것이다. 재일조선인에 대한 현재진행형의 편견과 오독, 이것이 지금에서라도 이 책을 번역한 첫 번째 이유이다.

이 책에서 목소리를 내는 이들은 한국, 북한, 일본 사이의 어딘가 애매한 상황에 놓여 있지만, 그래서 오히려 능동적으로 경계를 넘나들며 자신의 길을 찾는다. 그들의 이야기를 따라가며 번역을 마무리할 즈음, 우리가 애써 무시했던 한, 북, 일 역사의 이면과 그 안에 갇힌 나 자신을 자연스레 발견할 수 있었다. 그리고 그 울타리를 넘는 순간 비로소 영화의 진가를 맛볼 수 있었다. 영화 속 주인공의 한 동료는 "재일조선인은 싫지만, 추(주인공 충남) 씨는 좋아해."라는 모순적이면서 차별적인 말을 서슴없이 내뱉는다. 전에는 이 대사에서 '차별'만이 보였지만, 번역을 끝마친 지금은 '모순' 속에서 길을 찾는 각 인물의 모습이 먼저 다가온다. 이러한 의미에서 『《달은 어디에 떠 있는가》를 둘러싼 두세 가지 이야기』는 영화의 안내서를 넘어, 경계 너머의 삶을 여행하는 모든 이들을 위한 유쾌한 안내서가 될 거로 생각한다.

　마지막으로, 번역에서 출판까지 아낌없는 지원과 도움을 주신 동국대학교 일본학연구소와 보고사의 모든 분께 감사드린다. 일본학연구소 주최 재일코리안 영화제에서 재일조선인의 삶과 영화에 관해 깊이 있고 진솔한 이야기를 들려주신 이봉우 님, 그리고 일본에서 기꺼이 에이전시를 맡아주신 이애숙 님께도 깊은 감사의 말을 전한다.

2020년 5월
옮긴이를 대표하여 채경훈

목차

I

《달은 어디에 떠 있는가》에 관한 지극히 사적인 기록

이봉우

1991년 11월 중순의 추운 밤이었던 것으로 기억한다. 긴자 테아트르 세이유의 지배인, 에노모토 씨의 소개로 기치조지의 쿠쿠 (Kuu Kuu)에서 최양일 감독을 만났던 날의 일이다. 그 당시 나는 시네비방 롯폰기에서 개최하는 〈자크 베케르의 세계〉를 준비하느라 한창 바빴다. 또한 도쿠마 재팬에서 기획한 시네마빔이라는 저예산 영화제작 프로젝트의 시나리오 심사도 하고 있었다. 최 감독과는 이날이 처음은 아니었다. 예전에 우리 회사가 배급한 《아마추어》라는 폴란드 영화가 개봉했을 때 영화를 보러 온 최 감독과 인사를 나눈 적이 있었다. 당연히 이름은 알고 있었지만, 세간에 알려진 것과 달리 '막가파' 인상은 별로 없었다. 어깨에 힘깨나 주고 다니는 조선 고등학교의 선배들 대부분과는 달리 솔직한 사람이라는 인상을 받았다. 게다가 일본의 영화감독치고는 보기 드물게 외국영화를 자주 보고 업계 흐름도 잘 파악하고 있는 듯한 느낌을 받았다. 최 감독은 몇 주 전 『주간 SPA!』에 실린 특집 기사 〈재일 코리안 파워〉를 읽고 나에게 관심을 가지게 됐고 이를 계기로 연락했다고 말했다. 거의 처음 만난 거나 다름없던 나에게 최 감독은 대뜸 "그런데 『택시 광시곡』이라는 책을 알고 있나?"라고 물었다. "물론 알고 있습니다."라고 나는 대답했고, 재일을 제대로 그려낸 유일한 소설이라고 해도 될 정도로 우리 세대에서 열렬히 지지하는 소설이라는 둥, 어쩌다 이상한 공감대까지 형성됐다. "나는 과거 10년간 그걸 영화로 만들고 싶어서 여러 영화사에 제안도 해봤지만 어디서도 받아주지 않았다."라고 최 감독이 말했다. 그리고 그 소설의 영화화를 내가 맡아주길 바라는 것이 그날의 목적이었던 것 같다. 나도 물론 그 소설을 영화로 만들면 재미있을 거라 생각했다. 그러나 동시에 동종 업계에서 먹고 사는 인간인 만큼 본인도 영화 한 편, 특히 일본영화를 제작한다는 것이 얼마나 무모하고 위험한지 충분히 알고 있을 터였다. 나는 그 자리에서의 즉답은 피했다. 하지만 재미있는 기획이었기 때문에 경솔하게도 "각본은 써 주십시오. 그에 대해 답례는 하겠습니다."라며 절반은 받아들인 듯한 답변을 하고 말았다. 그러고 나서 이 소설을 어떤 느낌으로 영화화할 것인지, 또한 이 영화가 어떤 위치를 점할 것인지, 이런 논의로 옮겨갈 즈음에는 나는 이미 완전히 할 마음을 먹고 있었다. 지금 생각하면 운명적으로, 그리고 나머지 절반은 당연하다는 듯이 이 기획을 찬성하고 추진했지만, 그 후 우리 두 사람이 제작과정에서 겪은 우여곡절은 그야말로 7전 8기의 전형이었던 것 같다. 완성까지 거의 2년간, 어떻게 그렇게 한 가지 일에만 매달려서 열심히 할 수 있었는지 나 자신도 의아하다. 그러나 무언가를 바꿔보자, 좀 더 과장해서 말하면 이 시대를 향해서 큰소리로 무언가 질러 보자는 기분으로 충만해 있었던 것만은 분명했다. 이어서 나오는 글은 《달은 어디에 떠 있는가》를 완성하기까지 간략하게 기록한 나의 메모이다.

• 1991년

11월 어느 날 최양일 감독과 만나다. 영화화 제안을 받다.

11월 하순 정식으로 영화화하는 것을 받아들이다. 제작자로서 업무 개시.

12월 초순 최 감독의 소개로 원작자 양석일 씨를 만나다. 흔쾌히 영화화 권한을 넘겨줬다. 그것도 낮은 저작권료로. 그리고 신주쿠 골덴가로 향함. 양석일 작가는 사람 그 자체에서 풍겨 나오는 알 수 없는 매력이 있으며 세상 풍파를 다 겪은 사람인 듯하다. 그날은 양석일 작가 자신의 체험담, 인생관, 여성관 등에 관해서도 듣고 분위기가 매우 좋았다.

12월 중순 최 감독과 공동으로 시나리오를 집필할 정의신 작가와 만나다. 원래 알고 지내던 사이로, 다 함께 건투를 빌며 의기투합.

12월 중순 각본이 나오기 전이지만 이 영화에 대한 나의 진심을 담아 기획서를 만들었다. 제작 예산은 약 1억 4,000만 엔으로 설정. 저예산에 게릴라 전법으로 촬영할 것을 염두에 두고 있지만 회사에서 조달 가능한 자금이 8,000만 엔 정도이기에 공동 제작자 혹은 투자자를 구하기로 결정했다. 다른 한편으로 각본 집필에도 착수했다. 우선 니시아자부의 내 사무실을 집필 작업실로 이용.

• 1992년

1월 6일　사무실에서 최 감독, 정 작가와 미팅. 올해 안에 승부를 내기로 하고, 좋은 영화를 만들자고 서로 격려했다. 일단 가제는 《크레이지 호스》로 하기로 정하다. 신년회에 다 함께 우르르 몰려 갔다.

1월 8일　최 감독과의 협의 결과, 제1고가 나오면 모 대형 영화사에 가져가 보기로 결정. 그때 시네콰논은 배급권을 양도하게 될 수도 있다. 그러나 영화의 성공 가능성이 더욱 커진다고 한다면 그것도 어쩔 수 없다.

1월 9일　한편으로 투자자를 모집하기 위한 기획서도 작성했다. 기획 의도는 이하의 내용대로이다. (34쪽 참고)

1월 10일　세존 문화사업부의 야기 부장과 상담하다.

1월 16일　택시회사를 무대로 한 영화이기에 택시회사의 협력, 협찬, 혹은 가능하다면 투자도 부탁할 수 있을 것이라는 기대로 나고야의 모 대형 택시회사에 편지와 기획서를 발송하다.

1월 19일　감독, 각본가와 함께 사무실에서 1고를 다듬었지만, 이견이 좀처럼 좁혀지지 않는다.

1월 20일　감독, 각본가가 재일의 결혼식을 취재하고 싶다고 요구. 그 건으로 나 대신 결혼식에 참가. 나중에 그 자리에 어울리지 않는 놈들이 와 있다고 투덜투덜 불평을 들었다고 한다.

1월 21일　영화 투자 건으로 대형 광고 대행사와 만나다. 나고야의 모 택시회사의 비서실장과의 약속이 23일로 잡히다.

TBS 심야 뉴스를 보니 산골짜기의 일용직 노동자 특집을 하고 있었다. 미니 다큐멘터리에서 "산골짜기에서는 아이누도 재일도 시골 출신도 모두 똑같이 평등하다. 어설픈 지식인일수록 차별의식이 뿌리 깊다."라는 말이 나와 납득했다.

1월 23일 나고야, 교토, 오사카 쪽으로 출장. 나고야 쪽 택시회사의 비서실장과 만나다. 별로 좋은 느낌은 아니지만 작품의 기획 의도에 관해서는 이해를 얻은 듯하다.

밤에는 오사카에서 지역 유지와 만나다. 영화 투자에는 전혀 관심이 없다는 것. 반대로 설교만 듣고 말았다.

1월 24일 교토에서 부동산 관계 회사의 사장과 회식. 영화에는 흥미가 있으나 재일을 다루는 이야기는 어렵다며 거절당하다.

1월 30일 컴퓨터 소프트웨어 관련 회사의 사장과 만나다. 회사에서는 투자를 못 하지만 스폰서 찾는 것은 도와주겠다고 약속받다. 사장이 "버블 절정기였다면 얼마든지 투자할 사람이 있었겠지만"이라고 말했다.

1월 31일 양석일 작가에게서 택시업계 신문『트라몬드』를 소개받다. 발행 부수 3만 부가 넘는 유명한 곳으로 택시업계에서는 꽤 힘이 있는 업계지라는 듯.

2월 3일 제1고가 나오다. 정의신 작가가 손으로 쓴 원고이지만 읽기 편하고 또박또박 쓴 글씨체다. 1고는 택시회사 이야기와 다다오의 택시 업무를 중심으로 이야기가 전개된다.

택시회사 사장인 원열과 택시기사 충남 두 남자의 이야기가 중심으로, 필리핀 여성 코니와의 이야기는 적은 느낌이다. 힘이 넘치고 '신주쿠 양산박'의 무대를 떠올리게 하는 난잡함의 매력으로 가득하다. 다만 여전히 단조롭고 어둡다. 마지막 화재 장면도 매정하게 끝내는 느낌이다.

2월 6일　　영화 투자 건으로 모 인쇄회사 사장과 만나다.

　결국, 나중에 비서에게서 전화 연락이 와서 "만약 폐가 되지 않으시다면 이번에는 조금 어려울 것 같습니다만⋯"이라고 답을 받았다. 이게 무슨 주주총회도 아니고 그렇게 조심스럽게 거절하지 않아도 되는데⋯.

2월 8일　　세존 문화사업부로부터 기업 메세나 명부를 받다. 내가 직접 기획서와 편지를 보내 반응을 살펴보는 것은 어떠냐고 물었더니 "안면도 없는데 무턱대고 편지를 보내는 건 실례일 수도 있다."라고 조언했다. 명부를 손에 넣어도 쓸데가 없다고 생각했다.

2월 12일　　다시 교토, 오사카로 출장. 돌아오는 길에 마이바라에 하차. 파친코를 경영하는 회사의 전무를 만나다. 투자에 관한 이야기를 꺼냈지만 단번에 거절당했다.

2월 14일　　친구 소개로 모 피부관리 회사 사장과 만나다. 주식 거래로 크게 손해를 봐서 그럴 여유는 없다는 것. 반대로 광고 모델로 쓸 만한 여배우를 소개해 달라고 부탁받았다. 다른 한편으로 〈자크 베케르의 세계〉 영화제 홍보 자료 만드는 것으로 매일같이 바쁘다.

2월 20일　　저녁, 기치조지에서 최 감독과 회의를 했다. 각본 수정이 주제였으나 제작비 이야기가 나오자 "어떻게든 되겠지"라는 대답만 하고 입을 다물었다. 이 영화에 대한 느낌이 생각했던 것보다 훨씬 안 좋아서 머리가 아프다.

2월 26일　　오사카 택시 업계지 『트라몬드』의 사장에게 부탁해 택시 회사 경영자 중에 영화 투자에 관심이 있는 사람이 있는지 알아보았다. 대형 회사를 포함해 5곳 정도 약속이 잡혔고 날짜를 잡아 만나기로 결정. 시네콰논 사무실 이사. 최 감독, 정 작가에게는 미안하지만, 시나리오 집필 공간이 니시아자부에서 메구로로 옮겨졌다.

3월 중순　　제1고를 모 대형 영화사 사장에게 보여준 결과가 나왔다. "이 영화는 극장에 걸기 힘든 영화다. 기획 자체도 별로 재미가 없다."라는 것. 따라서 당연 '제작 참여 불가'라는 답변이었다. 다른 모 대형 영화사 임원에게도 각본을 보여줬으니까 결과를 기대해 보자. 여름에는 크랭크 인하고 싶었지만, 지금 상태로는 무리일 것 같다.

　지금까지 상황에서 보면 이 영화의 기획에 관해 뭔가 오해하고 있는 경향이 많은 것 같다. 그래서 감독과도 계속해서 확인 작업을 했다. 애초 이 영화는 우선 오락 영화다. 계몽 영화가 결코 아니다. 재일조선인에 대한 차별을 고발하는 '좌익 사회파' 영화도 아니다. 이 영화가 어떤 영화가 되어야 하는지 스콜세지나 코폴라, 우디 앨런의 영화를 본보기로 해야 할 것이다. 《가야코를 위하여》나 《윤의 거리》는 재일을 그리고 있으나 우리가 노리고 있는 영화와는 다르다. 우리는 재일조선인을 영화적 대상으로서 그리는 것이 아니라, 우리가 그리는 인물의 배경으로서 재일이 있는 것이다. 따라서 《돼지와 군함》이나 《가마타 행진곡》과 같은 난잡하면서도 걸작인 작품을 제작하려는 것이다. 최 감독도 같은 의견이다. 염려를 놓았더니 힘이 끓어올랐다.

모 대형 영화사의 임원에게서도 며칠 후 답을 받았다. "좋게 말해서 이 영화는 안 만드는 게 좋다."라는 조언 같은 답변이었다.

3월 16일　사무실에서 새 기획서를 다듬다. 제1고가 택시와 관련한 내밀한 이야기에 치우쳐 있어 자동차 관련 기업과 회사를 내 마음대로 나열해 보았다. 도요타, 혼다, 닛산, 일본석유, 브리지스톤, 미쉐린, 왁스 회사, 택시 표시등 제작 회사, 혹은 주유소 등. 아무 의미도 없는 공상의 세계다. 기획이 벽에 부딪히면 언제나 누군가에게 의지해 해결하고 싶어진다. 아, 싫다. 싫다.

3월 18일　신주쿠 양산박의 공연을 최 감독과 함께 보러 가다.

3월 30일　전부터 최 감독이 이 영화의 음악은 블루스 밴드 유카단의 기무라 아쓰키 씨에게 부탁하고 싶다고 얘기했다. 그래서 오사카 원 코리아 페스티발을 주최하는 정갑수 씨에게 전화해 소개를 부탁했다. 흔쾌히 부탁을 들어주셨다.

4월 10일　전에 소개받았던 택시회사 네 곳 중에서 가장 젊은 사장과 만났다. 택시 보유 대수 800대, 도쿄에서도 비교적 큰 회사라는 듯. 이전 소개받은 3곳과 마찬가지로 부정적, "특히 원작이 너무 시대착오적이다."라는 막말까지 들었다. 경영자의 위치에서 보면 '좋아할 수 없는 책'이라는 것을 새롭게 알게 됐다.

4월 17일　이 영화는 택시 운전사의 이야기이기에 마틴 스콜세지의 《택시 드라이버》, 짐 자무쉬의 《지상의 밤》, 미카 카우리스마키의

《헬싱키 나폴리 올 나이트 롱》 등을 최 감독과 함께 살펴봤다. 기본적으로 "아무런 참고도 되지 않았다."라는 것이 최 감독의 의견. 하지만 나는 《택시 드라이버》와 가장 비슷하고, 이와 비슷하지 않으면 오히려 이상한 것이 아니냐고 말했다.

이 시기 우리 영화의 의도에 관해서 의견을 나눌 기회가 많았다. '의도'라고까지 하기에는 대단치 않은 것일지도 모르지만, 조선총련도 한국 민단도 이 영화를 좋아하지 않을 거라 생각한다. 이 이야기는 재일조선인을 결코 미화하지도 않으며, 동정을 가지고 그리지도 않는다. 영화 속 인물을 단순히 한 명의 도쿄 시민, 일본 시민으로 그릴 생각이지만 조직 측, 이른바 운동 단체는 단순히 그렇게 보지 않을 것이다. 영화나 문학을 어디까지나 정치 선전, 교육의 일환으로만 여겨왔던 사람들에게는 무리도 아니겠지만 무엇보다 일본의 건전한 온건 좌파들도 괜히 싫어하는 것은 아닐까? 그들은 조선인이나 부락민, 장애인 등을 동일시하는 경향이 있다. 그것은 "불쌍하니까 도와줍시다."라는 사상이다. 하지만 인간의 존엄이나 긍지를 좀 더 넓게 봤으면 한다. 무턱대고 동정하는 것도 폐가 된다. 일단 우리는 훨씬 강하기도 하고, 악당인데…. 이런 것을 서로 끝없이 이야기했다.

5월 6일~17일 칸에서 호주 영화, 스칸디나비아 국가들 영화, 그리고 아시아 영화가 점점 성장하고 있다는 것을 실감했다.

6월 하순 오사카에서 극장 경영을 해보지 않겠냐는 제안이 있어, 이에 대한 준비로 분주하다. 〈조선영화제 92〉를 기획하고 북한 영화 《우리 집 문제》 시리즈 세 편을 상영한다. 이번에는 '공부'가 아닌 오락을 위한 영화를 해보고 싶었는데 관객이 적어 실망했다. 심포지엄은 사토 다다오 평론가와 스오 마사유키 감독에게 부탁했고 재미있는 시간이 됐다.

평생의 사업으로 북한과 한국의 영화 소개를 이어 나가고 싶은데, 북한 쪽 작품이 점점 완성도가 떨어지는 것 같다. 남과 북은 상반되면서도 쌍둥이 국가이기에 60년대까지는 작품의 분위기도 매우 비슷했다. 그런데 요즘 들어 북한 작품이 갑자기 시들해지고 있다. 한편, 한국 영화는 세계 무대에서도 빠르게 상승을 이어 나가고 있다. 북한 영화 소개는 이번이 마지막이 되는 것이 아닐까? 아니, 언젠가 시대가 변화면 창고 속에서 빛을 보지 못한 영화를 포함해 다양한 영화가 나오지 않을까? 그보다도 북과 남 사이에서 태어난 우리 '재일'의 영화를 언젠가 그들에게도 보여주고 싶다. 그리고 우리가 과연 어떤 존재인가를 큰소리로 외쳐 주고 싶다. 이 영화가 그런 영화가 된다면 가장 이상적이다.

7월 상순　최 감독, 정 작가와 각본 계약을 맺다. 각본 완성까지는 아직 시간이 걸리겠지만 이 영화를 위해 그들을 구속하고 있다는 사실에는 변함이 없다. 이쯤 해서 제법 좋은 각본이 나올 것 같은 느낌을 받았다. 기대를 갖고 기다리자.

7월 18일　이전부터 교류가 있었던 한국의 이장호 감독이 일본에 왔다. 이 감독은 현재 우리가 준비 중인 《크레이지 호스》(《달은 어디에 떠 있는가》의 가제)에 관심이 있어 최 감독과 만나게 해달라고 요청했다. 하지만 일정이 맞지 않아 다음 기회로 미루다.

다다오가 집에서 한국 영화를 보는 장면에서 이장호 감독의 《무릎과 무릎 사이》를 사용하기로 허락받다.

8월 상순　　소개를 통해 청년 실업가 단체를 이끄는 사람들을 만나다. 최 감독, 정 작가도 함께 만나고 싶다고 해서 다 같이 우에노의 고급 요릿집에서 모였다. 단체의 리더 격인 사람이 이런 불황기에 시나리오가 마음에 들면 일억이라도 내겠다고 강하게 말해 모두들 매우 기뻐했다. 각각의 성공담을 시작으로 그쪽 단체가 목표로 하는 원대한 이상까지 그들의 이야기를 듣다 보니 정말로 믿어도 될지 의구심이 들었다. 결국, 이들은 전형적인 허풍쟁이들이었다.

9월 상순　　시나리오 작업에 점점 더 열을 올리면서 때론 감독, 각본가의 의견이 대립하는 때도 있다. 여기서 방향 설정을 명확하게 하지 않으면 안 된다. 나는 필리핀 여성의 등장이 원작에서 너무 벗어나는 면이 있어 부자연스럽다고 반대했다. 다른 한편으로 동료 캐릭터인 호소가 아주 마음에 든다. 영순의 '조선 할매'스러운 태도도 딱 들어맞는다. 총련계 동포라는 것이 더욱 명확하고 북한에 있는 손자(다다오의 형)에게 전화하는 장면이나 《조선신보》를 읽고 있는 제법 위험한 장면도 등장한다. 북한 이야기에 조금 치우쳤나 하는 생각도 든다. 특히 내가 분명하게 반대한 대사가 하나 있다. 광수와 세일이 투자 건으로 이야기 나누는 신에서 광수가 "백두산 관광 개발에라도 당연히 돈 낼 수 있다고. 항일 빨치산의 성지에서 애국 온천사업이라…."라고 말한 후 "이제는 김일성과 문선명이 악수하는 시대야."라며 내뱉는 위험한 대사다. 나는 이 대사를 가지고 분명 총련 측에서 걸고넘어질 거라고 빼 달라고 했다. 이에 대해 최 감독이 "제작자가 칼 맞으면 끝나. 두고두고 미담으로 전해질 거라고."라고 말해, 나도 "칼 맞는 쪽은 최 감독일 거라, 난 상관없지만."이라고 맞받아치며 서로 웃었지만, 결국 다른 이유도 있고 해서 그 대사는 수정했다.

10월 초순 WOWOW(일본의 위성방송)에서 최 감독에게 25분 정도의 단편을 만들어보자고 제안이 왔다. 최 감독에게 모처럼 기회가 왔고 지금 진행 중인 기획, 각본을 가지고 해보는 것이 어떻겠냐고 나에게 물었다. 마침 좋은 연습도 되고 나도 어떤 그림이 나올지 궁금해서 찬성했다.

10월 중순 블루스 밴드 유카단을 만나기 위해 최 감독과 함께 오사카에 가다. 마침 원 코리아 페스티벌 개최일이어서, 이 기회를 이용해 드디어 만날 수 있었다. 일러스트레이터 구로타 세이타로 씨도 만날 수 있었고 영화가 완성되면 타이틀 디자인도 맡아주기로 약속했다. 고맙고 다행이다.

10월 24일 WOWOW판 각본이 나와서 읽어 봤다. 본편의 정수가 응축된 좋은 각본이었다. 제목은 《달은 어디에 떠 있는가》이다. 좋은 제목이지만 한편으로 약간 쓸쓸함이 여운으로 남는 이야기라고 느꼈다.

11월 초순 최 감독은 WOWOW판 촬영을 위해 도에이 제작진과 함께 작업하고 있다.

11월 하순 최 감독의 제안으로 가도카와 하루키 씨에게 각본을 보내다. 가도카와 씨가 이 각본을 어떻게 읽을지 매우 궁금했는데, 의외로 "매우 재미있다."라는 반응이었다고 한다. 가도카와 본사에서 세 사람이 만나기로 했다. 그는 영화계에서 영향력을 발휘할 수 있는 몇 안 되는 제작자이다. 투자와 관련해서도 큰 금액은 아니지만 투자하기로 했다. 원작도 가도카와에서 출판할 것을 권유받았다.

나중에 가도카와 씨의 투자는 취소됐지만, 결과적으로는 그 나름대로 괜찮았다. 가도카와 씨 개인적 문제가 나중에 공론화되고 회사 문제로 번졌지만, 내 개인적으로는 그가 타인을 매우 깊게 헤아리는 사람이라고 생각한다. 그리고 여러 가지 조언이나 배려에 대해 지금도 감사하게 느낀다.

12월 중순 신센역 앞의 '시부야 야로'에서 17명 정도의 조촐한 송년회. 내년에야말로 영화 《크레이지 호스》(《달은 어디에 떠 있는가》의 가제)를 완성시키기로 단단히 마음먹는 자리가 됐다.

• 1993년

1월 7일 영화제작의 구체적인 일정을 짜 보다. 본격적으로 제작에 들어갈 즈음하여 영화사 트라이 아트의 스즈키 가쓰히코 씨와 만나다. 제작 현장을 실제로 도맡아 줄 제작자이다. 구체적인 예산과 일정 맞추기가 상당히 까다롭다. 역시 애초 예산으로 잡았던 제작비용은 족히 들 것 같다. "인디펜던트 계열의 일본영화는 5천만엔 정도로 제작하지 않으면 손익분기점을 넘기기가 절대 불가능하다."라고 주위 관계자들이 말한다. 열정만으로 그보다 3배의 예산을 들여 만들면 역시 '개죽음당할 영화'가 되는 걸까? 점점 불안해지는 중, 매일같이 영화 완성 후의 홍보 방법, 배급 방법 등을 고민한다.

1월 하순 　유바리 국제 판타스틱 영화제에 《봄이 되어 너를 생각하다》라는 아이슬란드 영화의 상영이 정해져 영화제 준비를 진행하다. 동시에 이 영화제의 홍보를 담당하고 있는 'P2'의 데루모토 씨, 이케다 씨를 만나다. "차별은 즐겁고, 구별은 바르다"라는 콘셉트로 홍보를 진행하고 싶다는 내 의견에 두 사람 모두 "재미있을 것같은 영화"라고 공감했다. 초반에는 방송금지 용어와 '위험한 영화'라는 느낌으로 진행할 생각이다. 홍보 관련 도움을 'P2'에 부탁하기로 결정하다.

　최 감독, 정 작가와 함께 거듭 생각해 본 결과 제목은 《달은 어디에 떠 있는가》로 결정했다. '김치 라이더', '택시 천국'이라는 농담 같은 제목부터 '옛날 커다란 전쟁이 있었다'라는 심각한 것까지 다양하게 나왔지만 결국 방향을 찾는 우리네 삶의 방식을 보여주는 듯한 《달은 어디에 떠 있는가》로 제목을 정했다. 만족스럽고 멋진 제목이라고 자부한다.

2월 상순 　슬슬 결단의 날이 다가온 것 같다. 지금까지 제작비의 부족분을 메우려고 많은 투자자, 투자회사를 모았다. 기획서를 가지고 만난 사람의 수는 2년간 70명은 족히 넘을 것이다. 재일의 자칭 청년 실업가나 택시회사, 증권회사, 의사, 호텔 경영자, 금융회사에 이르기까지 업종도 다양했다. 대부분의 사람이 공통적으로 말한 것은 단 하나, 그것은 "이 영화는 절대 대박 나지 않는다."라는 것이다. 보잘것없는 재일조선인 택시 운전사와 술집에서 일하는 필리핀 여성의 연애물은 극히 비주류인 데다가 대단한 이야기도 없고, 일본의 일반 관객은 혐오감을 가질 것이라는 의견이다. 결국, 이 기획에 공감을 가지고 자금 면에서 지원해 준 것은 마쓰모토 시의 교와 관광과 파이오니어 LDC, 어뮤즈 비디오뿐이다. 파이오니어와 어뮤즈가 비니오 선행 판매를 맡아준 덕에 어떻게든 최소한의 제작비는 맞추었다. 그래도 지금 예산의 20퍼센트 정도를 줄일 필요가 있다.

2월 중순　　아오키 씨가 예산을 줄일 방법을 제안하다. 주요 촬영 장소가 될 택시회사를 찾아내면 꽤 수월해진다는 것. 마치다 시에 있는 택시회사와 네리마, 가와구치에 있는 택시회사를 돌았지만 허탕이다. 촬영장소를 구하지 못해 난항이다. 대부분의 회사가 복리후생 시설을 제대로 갖추고 있지 않아서 영세한 노동조건이 영화 속에서 드러날까 봐 꺼림칙하게 생각하는 상황이다.

2월 하순　　아오키 씨가 아다치 구에서 영화에 딱 맞는 회사를 찾아냈다. 허락도 받았다. 이것으로 크랭크 인할 수 있게 됐다. 흥분의 와중에 각본의 마무리와 완성을 앞두고 있다. 그리고 배우 오디션을 시작했다. 주연의 조선인 택시 운전사 역이 가장 난항일 것으로 예상한다. 여러 사람과 오디션을 봤지만 예상대로 정하지 못한 채 시간만 흘러가고 있다.

3월 상순　　기시타니 고로가 사무실에 왔다. 연기도 잘하는 데다가 다다오의 반골 기질과 약간 불량하면서도 다정한 느낌에 딱 들어맞는다. 이어서 에자와 모에코와 루비 모레노가 별문제 없이 캐스팅이 결정됐다.

3월 하순   영화의 마지막 신과 관련해 다양한 의견을 계속해서 조율하고 있다. 최 감독의 의견은 재일의 삶이나 미래에 대한 메시지를 던지며 설교하는 듯한 결말은 싫다는 것. 우리 모두가 공통적으로 가지고 있는 생각이다. 단 화재 장면으로 끝나는 것은 좀 어중간한 것 같다. 특히 여주인공 코니와의 연애를 이야기 내내 중요한 요소로 끌고 왔는데, 어느 정도의 '결론' 혹은 '암시' 정도는 남기고 끝내고 싶다. 처음에는 필리핀에 가서 택시를 개업하고 다다오와 코니가 단란한 가정을 이루는 것으로 끝내려고 생각했다. 그러나 아무래도 '상투적인 결말'이라고 누군가 말하자 모두 다시 고민하기 시작했다. 결국, 헤어진 코니를 마중하러 가는 장면으로 끝내기로 의견을 모았다. 완전한 해피 엔딩은 아니지만, 그 이후 그들은 다시 도쿄로 돌아가고, 그곳에서 다시 싸우고 헤어질지도 모른다. 어쩌면 결혼에 이를지도 모른다. 앞으로의 일은 아무도 모르지만 그 순간 그들은 다시 하나가 됐고 서로 이해할 수 있는 것이다. 이것이야말로 멋진 게 아닐까?

촬영 준비가 한창이다. 주요 제작진이 착착 결정되고 필요한 인원이 갖춰지다.

4월 상순   촬영 준비가 한창이다. 화재 장면을 어떻게 찍을지, 택시를 어떻게 몰고 어떻게 찍을지, 많은 것들을 이야기하고 고민하고 있다. 도쿄 승용 여객 자동차 협회 등 택시 관련 단체들에 인사하러 갔다. 영화의 시작 부분에 나올 조선총련계 동포와 민단계 동포와의 결혼식 장면 준비에 분주하다. 어떡하든 진짜 조선인 100명 정도는 필요하다. 조선총련과 민단 조직에 부탁하는 것은 불가능하므로 작은 문화단체나 마을을 돌며 알아본다. 친척들 모두에게도 연락해보지만 다들 뭘 하는지 전혀 모르고 있다. 세존 그룹의 지원도 받아 다카나와 프린스 호텔에서 촬영하기로 하다.

4월 25일　후다텐 신사에서 고사를 지내다. 제작진 모두 표정이 밝아 보여 기쁘다. 그런 뒤 닛카쓰에서 제작진 모두와 모임을 했다. 나는 먼저 우리 영화가 재일조선인이 주인공이며, 주요 제작진 중에도 재일조선인이 있다는 것을 말했다. 그러나 영화는 '맑고 바르고 불쌍한 재일조선인'이 아니라 '약삭빠르고 쩨쩨한 거짓말쟁이 조선인'을 그리고, 결국 열심히 살아가는 평범한 일본 시민에 관한 이야기라는 등의 말을 한 것으로 기억한다. 최 감독도 자신의 제작 현장 분위기는 힘들겠지만 끝까지 함께 잘해 나가고 싶다며 독려의 말을 했다. 최 감독은 이날 머리를 짧게 자르고 와서 누가 봐도 예사롭지 않은 패기를 드러냈던 것 같다.

4월 26일　드디어 영화 촬영 시작.

4월 26일~7월 9일　촬영 기간에도 당연히 많은 어려움이 있었다. 그러나 촬영일지는 따로 적어 놓았기 때문에 여기서는 언급하지 않는다. 단 촬영 후반부에 주연인 기시타니 고로가 아킬레스건이 있는 쪽을 17바늘이나 꿰매는 큰 상처를 입었을 때는 정말 간담이 내려앉았다. 지금 생각해 보면 그 정도 부상으로 끝난 것이 천만다행이다. 이렇게 말하면 이상하지만 정말 운이 따라줬던 것 같다.

7월 9일　기술 시사회 날이 왔다. 장소는 '이마지카'. 물론 시사회 전까지도 올 러시 필름이나 편집 과정에서 완성본을 몇 번이나 보앗지만 역시 관계자 전원이 함께 보는 기술 시사는 긴장된다. 무슨 일인지 이즈쓰 가즈유키 감독도 보러 왔다. 그가 만든 《악동 제국》이라는 걸작은 최 감독도, 나도 무척이나 좋아하는 영화다. 끝난 뒤 제작진 모두와 뒤풀이에 갔다. 완성된 결과가 좋아 모두 만족스러운 모습이다. 이즈쓰 감독이 반은 놀란 얼굴로 감동한 모습이 인상 깊었다.

7월 20일 '가스 홀'에서 처음으로 일반 시사회를 했다. 400여 석의 좌석이 가득 찼고 70명 정도가 입석으로 관람했다. 늦게 온 루비 모레노도 서서 봐야 할 정도로 성황을 이루었다. 오시마 나기사 감독과 많은 영화 평론가들도 보러 왔다. 진정한 의미에서 이 영화에 대한 평가가 이제 내려질 것을 생각하니, 당연하지만 긴장감이 기술 시사나 내부 시사와 비교할 바가 아니었다. 극장 안에서는 웃음이 터졌고, 헤어지는 장면에서는 훌쩍거리는 소리도 들렸다. 의도한 대로 반응이 나와 미소가 절로 나왔다. 나 자신에게도, 그리고 많은 재일한국·조선인에게도 기념할 만한 날이었다.

7월 25일 오사카에서 처음으로 일반 시사회를 가졌다. 이날은 내 생일이기도 하다. 또한 오랫동안 준비해 온, 꿈에 그렸던 시네콰논 직영 영화관, 제7 예술극장을 개관하는 날이기도 하다. 이날의 특별 행사로 내가 제작한 《달은 어디에 떠 있는가》의 시사회를 이곳에서 하게 되어 더욱 각별한 기분이 들었다. 아버지의 사업 실패로 17년 전에 간사이를 떠나, 언젠가는 가슴을 펴고 이곳으로 다시 돌아오리라 줄곧 생각해 왔다. 사업에 실패한 초로의 조선인에게 재출발이란 것이 가능할 리도 없고, 아버지는 도쿄에서 야밤에 넝마주이를 하시며 나를 대학에 보내셨다. 아버지와 어머니는 이제 이 세상에는 안 계시지만 영화를 좋아하셨던 어머니께서 살아 계셨다면 어떤 얼굴로 이날의 기쁨을 표현하셨을까? 이날은 나에게 생애 최고의 날임이 틀림없다.

7월 26일~10월 상순 이 기간 동안 새로운 싸움의 현장이 우리를 기다리고 있었다. 그것은 영화 시사를 통한 홍보라는 싸움이었다. 우리는 먼저 우리 영화에 대해 확실한 자신감을 가지고 있었다. 이 작품은 영화를 보는 사람의 수준에 따라 감동이나 감상의 차이가 분명하게 나타난다. 나는 여느 시사회보다 배 이상으로 시사회를 열고 설문조사를 했다. 사람이란 자고로 자신이 직접 쓴 것을 반드시 누군가에게 전달하게 되어 있다. 설문조사는 2,000명을 넘겼다. 대부분은 영화를 좋게 평가하거나 혹은 무언가를 깨달았다는 호의적인 감상이었다. 시사회를 거듭할 때마다 이 영화에 대해 점점 더 자신감을 가지게 됐다. 특히 20대, 30대의 비교적 젊은 여성 기자나 평론가들이 압도적으로 좋은 평가를 내렸다. 실제로 영화관에 가는 사람들의 60퍼센트는 이들 연령층일 것이다. "어렵게만 생각했던 재일 문제가 실은 우리와 다르지 않은, 우리 가까이에 있는 사람들의 문제였다."라며 안심하기라도 하는 듯한 반응, "딱딱한 설교조의 영화일 거라 생각했는데 재미있는 오락 영화였다."라는 즐거운 반응이 이어졌다. 재일 단체의 비판적 의견도 어느 정도는 각오하고 있었지만 의외로 그쪽의 반발은 적었다. 재일 단체들은 대부분 방관이나 무시로 일관하기로 한 듯하다. 그러나 시사회가 끝난 뒤 많은 재일조선인분들이 "처음으로 자신들의 영화를 얻은 느낌"이라며 좋은 평가를 해주었다. 나 개인적으로도 최고의 평가이기에 매우 기쁘다. 그러나 좋은 작품이 반드시 좋은 영화관에서 좋은 조건으로 상영된다고는 할 수 없다. 이 시점에서도 영화관과의 교섭은 여전히 난항이다.

8월 중순 극장 개봉과 관련한 회의로 쇼치쿠에 가다. 오쿠야마 상무의 판단으로 우선 신주쿠 피카딜리 2에서 8주간 개봉하기로 약속했다. 슈치쿠 제1 흥행의 지배인을 비롯해 극장 운영진이 시사회에서 영화를 보고 매우 마음에 들어 했다고 한다. 일단 안심했지만 도쿄, 오사카의 각각 한 개관에서만 상영하는 것으로 어디까지 갈 수 있을까? 불안과 기대가 뒤섞인 생각을 안은 채 다짜고짜 홍보 활동을 펼치고 있다. 홍보 방향은 처음부터 생각해 온 '위험한 영화'의 느낌으로 일단은 밀고 나가는 것에 주안점을 두었다. 실제로 영상물 등급 심사에서 여러 번 주의를 받았지만, 대사를 수정할 생각은 없다. 심사위원들이 영화 속에 '금지용어'가 많다고 지적했지만, 수정하게 되면 영화가 던지는 메시지마저 변질할 우려가 있다. '위험' 콘셉트가 어느 정도 알려지고 나서 그 뒤로 '연애 영화', '사회적 메시지'라는 홍보 요소가 더해지는 식으로 전략을 짰다. 아사히, 요미우리, 마이니치를 비롯 각 대형 신문사의 영화평은 물론이고 사설이나 문예, 가정 면에도 기사가 실렸다. 마음속에 그렸던 이상적인 형태로 홍보가 거의 이루어져서 다행이다. 그러나 가장 걱정되는 것은 예매권이 별로 안 팔렸다는 것과 예산 관계상 홍보에 큰 비용을 들일 수 없다는 것이다. 이런 느낌으로 기쁨과 걱정이 교차하며 매일같이 홍보 활동을 전개해 나간다.

11월 6일　마침내 개봉일이 다가왔다. 《달은 어디에 떠 있는가》는 기획 단계에서 완성, 그리고 개봉까지 꼬박 2년의 세월이 지나 겨우 목적지에 도달했다. 이날 아침은 이상하게도 일찍 눈을 뜨고 말았다. 8시 좀 지나서부터 극장 근처의 하나조노 신사 주변을 어슬렁거리며 시간을 보냈다. 10시 30분 첫 상영에는 약 60퍼센트 정도가 찼다. 확실히 좌절스러운 심정이었다. "그 정도로 했는데도 역시 안 되는 건가?" 반은 어리둥절한 상태로 있는 내 앞으로 2회차 상영을 기다리는 줄이 점점 길어지기 시작했다. 2회차는 만석에 입석까지도 있었다. 진심으로 관객 한 명 한 명에게 악수하고 싶을 정도였으며, 개봉 첫날부터 이 정도로 위가 아팠던 기억은 없었다고 자조했다. 2회차 이후부터 신주쿠 쇼치쿠 피카딜리 2는 관객들로 가득 차 발 디딜 틈도 없을 정도로 성황이었다. 무대 인사가 끝나고 제작진, 배우 모두와 함께 성공 축하 연회로 이동했다. 최 감독의 얼굴이 빨갛게 달아올라 있었다. 평소 무심하고 무뚝뚝한 면이 있는 나도 다리를 떨고 있었다. 제작진들과 뜨거운 악수를 나누고, 정말로 마음속 깊이 감사의 말을 전하고 싶었지만 말이 나오지 않았다. 그날 우리는 지금까지의 노고에 최고의 결과로 보상받아 무척 기뻤고, 그 기쁨을 밤새도록 음미했다.

12월 20일　일본의 주요 영화상 중 가장 먼저 시작하는 호치신문 영화상이 수상작을 발표했다. 《달은 어디에 떠 있는가》가 작품상 외 3개 부문에서 상을 받았다. 처음 받는 상이어서 너무도 감격스러웠고 흥분됐다. 감독과 둘이서 수상식에 참석했는데, 누군가가 올해 상이란 상은 모조리 휩쓸겠다고 말했고 나는 반신반

의했다.

1994년 2월 말 《달은 어디에 떠 있는가》는 그 후, 연장 상영에 지방 확대 상영까지 이루어졌다. 처음 도쿄와 오사카 단 2개 관에서 시작했던 것이 입소문을 타면서 최종적으로는 전국 70개 관에 이르고, 받은 상만 56개나 됐다. 일본 독립영화계에서 과거에 한 번도 본 적 없는 매우 보기 드문 성공작이 됐다. 지금은 이 영화를 만든 제작진, 배우 모두와 함께 진솔하게 이 영광을 나눠 가지고 싶다.

1993년, 우리는 승리했다.

《크레이지 호스》(가제) 기획 의도

영화란 엔터테인먼트이자, 동시에 메시지를 담은 산업입니다. 이 기획은 바로 이러한 인식에서 출발한 것입니다. 본 영화의 연출을 맡은 최양일 감독은 일본 영화계에서 자신만의 독특한 감성으로 다수의 훌륭한 작품을 만들어 왔습니다. 그리고 이번 영화를 통해서는 최양일 감독이 처음으로 자신의 출신과 관련된 문제를 솔직하게 이야기합니다. 또한 이 영화는 양석일 작가의 1981년 작품 『택시 광조곡』을 원작으로, 신예 극작가인 신주쿠 양산박의 정의신이 각본을 담당했습니다. 이를테면 재일코리안들이 중심이 되어 제작하는 영화입니다. 그러나 결코 '재일'만을 위한 자위적인 영화가 아니며 보다 글로벌한 보편성을 가진 재패니즈 무비입니다.

"설교할 생각은 없지만, 말하고 싶은 것은 분명히 말하겠다."라고 감독도 호언장담하듯이 이 영화를 통해 이 사회에 사는 소수자의 힘과 영혼의 외침을 전달하고 싶습니다. 그렇다고 이 영화가 일본 사회의 민족 차별을 고발하는 사회파 영화라는 것은 아닙니다. 어엿한 오락 영화입니다.

이 영화는 일본 사회에서 '재일'의 불안정한 상황을 택시 운전사라는 직업을 통해 그려낼 것입니다. 그러나 그것이 과거 북이나 남이라고 하는 본국주의에 사로잡힌 찬미나 허무한 한탄이 아니라 그들 자신에 대한 희로애락의 표현으로 될 것입니다.

일찍이 프란시스 포드 코폴라가 《대부》에서 그렸던 것처럼, 또는 우디 앨런이나 마틴 스콜세지, 스파이크 리가 지금도 그리고 있는 것처럼 우리는 평범한 인간이자 남자로, 나아가 일본에서 태어나 자란 '평범한 차림의 낯선 사람'의 모습을 현실적으로, 그리고 시원하게 그려내고자 합니다. 이 섬에 사는 '재일'도 드디어 자기 자신들의 목소리로 말하기 시작하는 것입니다. 결코, 큰소리로 외치는 것이 아니라 담담하게 이성적으로. 신시대의 도래를 알리는 영화 《크레이지 호스》(가제)에 부디 적극적인 지원을 부탁하는 바입니다.

《달은 어디에 떠 있는가》 설문

재일의 한 사람으로서 소박한 기분, 의문, 슬픔, 세상을 바라보는 방법을 아주 잘 이해하고 공감할 수 있었다. 남편(일본인)과 함께

와서 좋았다. / 약사, 재일, 여, 36세

감독이 재일인 만큼 대사의 세세한 부분까지 매우 현실적이었고 재미있었습니다. 특히 결혼식 장면은 진짜 결혼식장 분위기와 너무 똑같아서 놀랐습니다. 같은 재일조선인으로서 냉혹한 처지나 실제 상황을 실감할 수 있었습니다. / 학생, 재일, 여, 16세

기분 좋았다. 하는 꼬락서니 좀 보라는 것이네요. / 자유직, 여, 26세

재일로서 눈을 뜰 수 있을 것 같다. / 의사, 재일, 남, 31세

일본에서도 이런 영화가 만들어지고 볼 수 있게 됐다는 것이 기쁜 것 같습니다. 제 딸은 재일조선인입니다. 이쿠노, 가마가사키의 외국인이나 재일의 지인, 친구들의 얼굴이 떠오른다. / 공장 노동자, 남, 37세

재미있게 즐길 수 있었다. 어떤 거리낌도 없이 넉살 좋게 말하는 부분이 시원했다. 말하고 싶은 것을 거침없이 말하는, 그런 부분이 좀 더 많이 나왔으면 좋았을 것 같다. / 비디오 제작, 여, 43세

생명력이 있었다. 이런 남자들이 많으면 재미있을 것 같다. 이곳이 일본이라는 것을 잊고 인도에 갔을 때가 생각났다. 그러고 보니 나도 재일한국인이었다. / 디자이너, 재일, 남, 25세

일본인이 재일조선인을 그리면 '차별 표현'에 너무 신경 쓰는 모양새로 흘러갈 우려가 있습니다. 그런 의미에서 '재일' 출신 감독 최양일이 자기 나름의 작품을 완성했다고 생각합니다. 뻔뻔하게도 재미있게 봤습니다. / 신문기자, 여, 34세

"추(주인공) 씨는 좋지만 조선인은 싫어."라는 대사, 조선인은 웃었

고 일본인은 웃지 못했다. 복잡한 기분. / 회사원, 남, 31세

여러 민족이 북적거리며 사는 도쿄라는 실제 공간을 아주 잘 느낄 수 있는 작품이었습니다. 억지스러운 부분도 없고, 너무도 자연스럽게 이야기에 빠져들어 매우 좋았습니다. / 사서, 여, 34세

II

국경을 넘었더니 우리들의 시대였다

양석일·최양일·정의신·이봉우(사회)

대담 참여자

▌양석일

1936년 오사카 출신. 29세 때 사업에 실패하여 큰 빚을 지고 오사카에서 도망쳤다. 이후 일본 각지를 떠돌다가 도쿄에 정착해 택시 운전사로 10년간 근무했다. 저서로『몽마의 저편으로』,『택시 광조곡』,『택시 운전사의 일기』,『족보의 끝』, 평론집으로『아시아적 신체』등 다수의 저서가 있다.

▌최양일

1949년 나가노 출신, 영화감독. 조선고교 졸업 후 영화계에 입문. 조명부에서 시작해, 미술부, 제작 진행, 조감독을 거쳐 83년《10층의 모기》로 감독 데뷔.《친구여 조용히 잠들라》(1985),《A사인 데이즈》(1989)를 연출했고 비로소 자신의 출신과 깊이 관련된《달은 어디에 떠 있는가》를 1993년에 공개. 일본영화의 모든 상을 모조리 휩쓸었다. 저서로는『최양일의 세계』가 있다.

▌정의신

1957년 효고현 출신. 도시샤대학 문학부 중퇴 후 요코하마 방송영화 전문학교(현 일본영화대학) 미술과 졸업. 극단〈검은 천막〉을 거쳐, 87년 극단〈신주쿠 양산박〉결성에 참여.《천년의 고독》으로 테아트르상을 수상했고 한국에서도 공연. 자신의 희곡《더 데라야마》로 기시다 구니오 희곡상을 수상.

▌이봉우

1960년 교토 출신. 일본 조선대학교 불문학과 졸업 후 파리 3대학에서 유학. 귀국 후 영화배급회사 시네콰논을 설립. 프랑스 영화, 자크 베케르 감독의《구멍》, 기니, 아이슬란드의 명작들을 배급. 91년에는 도쿄에서 북한영화제를 개최. 92년에는《달은 어디에 떠 있는가》를 제작·배급하여 크게 성공. 95년 봄에는 다시 한번 최양일, 정의신과 뭉쳐《헤이세이 무책임 일가 도쿄 디럭스》를 제작, 배급했다.

간다 다다오 혹은 강충남은 어떤 인물일까?

초기 제작과정에서부터

이봉우(이하 이) 제작과정에 관해서는 〈이미지 포럼〉, 〈마르코 폴로〉
등 여기저기서 지겨울 정도로 말하긴 했는데….

최양일(이하 최) 그럼 이렇게 합시다. 간다 다다오(神田忠男) 혹은 강충
남(姜忠男), 우리가 생각하는 추(주인공의 애칭) 씨는 과연 어떤 인물
인가?

원작자인 양석일 씨도 나름대로 의견이 있을 것이고, 이쯤에서
간다 다다오에 관해 객관적으로 한번 비평해 보는 것도 괜찮을 것
같습니다.

네 사람의 생각이 각각 다르기는 했지만 어떤 정합성은 있었습
니다. 그래서 의견이 어떻게 엇갈리고, 서로 다르게 주장했던 것,
왜 사랑 이야기를 넣었는지? 그리고 그 대상이 왜 필리핀 인이 아
니면 안 됐는지? 이러한 것에서부터 이야기를 시작하면 우리 세대
가 생각하는 재일관의 과거, 현재, 미래형이 보이지 않을까요?

이 거기서부터 시작해 볼까요? 그럼 최 감독님부터.

최 그럼 저부터 먼저 시작하겠습니다.

13년 전, 양 작가를 만난 것부터. 두 사람의 만남이 우연인지 필연인지 묻는다면 서로 필연이라고 고의로 인정했다고 할 수 있습니다. 먼저 당시에 영화감독 데뷔를 앞둔 제가 창작 상의 구심점을 찾고 있던 상황이었습니다.

그런 시기에 마침 우연히 서점의 신간 코너에서 『택시 광조곡』 이라는 책을 집었습니다.

즉, 다른 사람한테 들은 것도 아니고, 서평을 읽은 것도 아니고, 소문을 들은 것도 아니라, 세간의 평가와는 전혀 관계없이 시작됐다는 것입니다.

양석일(이하 양) 제가 들은 거랑 다른데요. 제작자한테서 추천을 받았다고….

최 그렇지 않습니다. 그 일은 영화화 권리문제와 얽혀서 나중에.

13년 전이라고 하면, 한때 출판계에서 한국·조선 붐[1]이 두 번 일었었는데, 그 두 시기의 사이였을 겁니다. 15~16년 전에 이회성[2]이 아쿠타가와상을 받고 난 뒤 일본어로 출판되는 재일 문학예술 작품이 제법 많았습니다. 그러니까 그 유행이 지나고 시들해졌을 즈음 이야기인데, 서점에서 신간 코너에 있던 이 책을 골랐던

---

1) 출판계의 한국·조선 붐 : 한국의 군사독재에 대해 저널리즘적 관점으로 쓴 출판물이 나왔던 70년대와 1988년 서울 올림픽을 계기로 한국 문화나 한국인의 일상생활 등을 소개하는 서적들이 나왔던 80년대.

2) 이회성 : 1935년 사할린 태생 재일 소설가. 『다듬질하는 여자』로 제66회 아쿠타가와상 수상. 재일조선인 2세의 민족적 주체 확립과 조국 통일 운동 참여를 주제로 활동을 이어 나가며 『미진한 꿈』(1979)이라는 작품을 냈다. 대표작으로 『가야코를 위하여』(1970), 『청구의 하숙집』(1971) 등이 있다.

거죠.

그리고 책 띠지에는 "포복절도, 기상천외, 완전 재미" 같은 게 적혀 있었고, 서지 정보를 보았더니 '료 세키지쓰 혹은 양석일'이라고 적혀 있어서, 딱 하니 느낌이 온 거죠.

지금까지 제가 읽은 것들과는 매우 달랐습니다. 재일에 관한 이야기지만 형식을 완전히 뛰어넘는 대담한 부분이 있었어요. 시원 시원하면서도 그리움이 느껴지는 문체로, 어딘가 피로 연결된 듯하고, 넉살 좋고, 대담하면서도 비주류와 주류를 아울러 포용하는 위협적인 문체로 강하게 다가오는 그런 느낌이었습니다. 자전적 요소도 있고 원작자에 관한 관심도 생기면서 영화화 권리를 허락받으러 간 것입니다.

양 　최양일 감독과 만난 계기는 김우선[3] 감독의 소개였습니다. 김 감독한테서 "실은 『택시 광조곡』을 영화로 만들고 싶어 하는 사람이 있는데."라며 새벽 1시에 전화가 왔어요. 그리고 바로 이틀 후에 '가린'이라는 곳에서 만나기로 했는데, 갔더니 겁도 없는 상판을 한 남자가 있었습니다. 그런데 이야기를 들어봤더니 납득이 됐지요. 뭐, 이왕이면 젊은 재일 감독이 만들어 주는 쪽이 좋으니까 흔쾌히 승낙도 했고요.

이 　이야기가 바로 정리됐군요.

최 　제가 정리한 거죠.

양 　그리고 나서도 몇 번 만났고, 한 번은 롯폰기의 닛카쓰 본사에서

---

3) 김우선 : 1952년 오사카 태생 영화감독. 와세다 대학 졸업. 《윤의 거리》(1989)로 감독 데뷔하여 동작품으로 1988년도 일본 영화감독 협회상 수상.

하는 《10층의 무기》 시사회에 갔는데, 다 보고 깜짝 놀랐습니다.

최 　대단한 놈한테 작품을 넘겼다는 느낌?

양 　아니, 이거 되겠다는 느낌. 만나서 떠들어대는데, 이건 내일이라도 당장 할 수 있다며, 굉장한 허세였습니다.

이 　딱 걸려들었군요.

양 　그러니까 말입니다. 당시 인터뷰나 『도서신문』 같은 데서도 차기작으로 『택시 광조곡』을 영화로 만들 거라고 유세를 떨더군요.

최 　난처해지는데….

양 　그래서 발을 뺄 수도 없게 돼서…. (웃음)

영화화 권리에 관해 이야기해 두자

최 　좀 보충 설명을 해야 할 것 같은데요.

　　김우선 감독과 관련한 일인데.

　　저는 이 책을 읽고 무척 마음에 들었습니다. 나중에 알게 된 사실이긴 한데, 김우선 감독도 이 소설을 영화로 만들고 싶어 한다는 것을 전해 들었습니다. 같이 일한 적도 있고 가깝게 알고 지내는 사이라 직접 만나서 "양 작가 좀 소개해 줘. 그런데 너 찍을 거라면서?"라고 물어봤습니다.

　　그랬더니 김 감독이 그 시점에 이미 초고를 써 놓았던 겁니다.

양 　뭘?

최 　『택시 광조곡』의 영화 시나리오.

이 　원작자도 모르는 사이에.

양　제멋대로군요.

최　당사자도 없는데 일이 마음대로 진행되는 것, 이런 게 확실히 재일 문화의 특징 아닐까요? 그래서 이야기를 들어봤더니 "아무래도 내 스타일이 아닌 것 같아."라고 말하더군요. 그래서 선배티를 좀 내면서 그럴 거면 "나한테 양보해."라고 했습니다.

　자기 스타일이 아니라는 의미는 김 감독이 그 후에 만든 《윤의 거리》[4]에서 이야기를 풀어나가는 방식을 보면 명확히 알 수 있습니다.

　그래서 원작 이야기로 돌아가면, 전체성이라는 겁니다. 개별적 이야기를 매우 가족적으로 그려냈는데, 원래는 전체성을 요구하고 있는 이야기입니다. 원작의 전체성, 즉 숲을 보지 못하면, 어떤 한 챕터, 어떤 한 부분을 자기 나름대로 이해하는 것이 불가능합니다. 주인공이 어떤 사람인지 우리 스스로가 분석할 능력이 없으면 양 작가와 승부를 겨룰 수 없었고, 원작과의 경쟁도 불가능했습니다. 그러한 방법론을 구축해 가는 것에 시간이 걸렸습니다.

이　우여곡절 끝에 다다른 이야기라는 것인가요?

최　아니요. 좀 더 말하자면, 재일이라서 어쩔 수 없는지, 술 마실 핑계로 양 작가와 둘이서 서로 왔다 갔다 하면서 만나기로 약속했던 적이 있어요.

　그리고 둘 다 서로 상성이 맞으면서 케미가 치솟는 기분이 들었던 것이죠. 글로 쓰긴 했는데 완전히 수습되지 않는 소설가가 있고,

---

4) 《윤의 거리》: 김우선 감독 영화, 자세한 것은 203쪽 참고.

그 소설을 아주 좋아하게 된 감독이 있고, 그런 식으로 엮이면서 우정이라고 할까, 어떤 인간적 깊이를 느꼈습니다.

역시 그건 어딘가에서 재일로서 살아온 나 자신이 있고, 그와 다른 형태로 세상을 떠돌며 재일로서 살아 온 양 작가가 있었다.

말하자면 재일이라 것으로 묶을 수 있습니다. 다만 이는 생각해 보면 13년 전의 진검승부였던 겁니다. 그래서 그때를 떠올리면 어딘가 항일 사상이 있었습니다.

그것은 반일이라는 의미가 아닙니다. 즉 자신은 국가권력과는 다른 곳에 있다는 의식. 당연히 현재 나 자신은 일본에 있고, 그래서 일본 안에서 자랐지만, 권력 구조와 완전히 별개의 장소에 있다는 것.

지금 와서 말하면 소수자 의식, 더구나 급진적인 소수자 의식이 있었던 것 같습니다.

양 작가님의 말에 따르면 제법 공격적인 재일론을 펼쳤던 것 같습니다. 무조건 일본인을 때려죽이라는 식의 이야기는 아니지만 말입니다. 그런데 좀 더 지식이 풍부한 양 작가님은 "과거 역사로부터 한 번 더 전부 해체하고 그것을 다시 이어 붙이는 것부터 시작합시다."라는 겁니다. '재일'이라는 것을 역으로 비추어 보면서 말이죠. 그리고 13년 전에 "네 이야기는 얼핏 과학적인 것 같지만 틀렸어."라고 저를 비판했던 것으로 기억하고 있지만 말입니다.

양 제가 그런 말을 했습니까? 전혀 기억이 없습니다.

최 그때 양 작가님이 취해서 그런 겁니다. (웃음) "그런데 여배우는 누구지? 누구를 생각하고 있어?"라면서 여배우에 관해서만 물어보

는 겁니다. 이 노친네가 말이죠. (웃음)

양 하하하. (웃음)

이 원작에서는 여성 인물이 안 나왔던 것 같은데. (웃음)

최 그러니까 말입니다. 그건 그렇고, 즉 일본에 현존하는 모든 운동권이나 정치 그 자체가 가지는 속임수가 구조화됐던 그 시점에, 그런 것이 소용없다는 것을 서로 다른 형태로 확실히 알아차린 두 사람이 있었다는 것으로 다행이지 않습니까? 정치나 운동보다 일상생활에 대한 실질적 감성이 사람들의 실제 삶으로 이어진다고 여기는 사고방식이 건전하다고 생각한 겁니다.

양 '건전하다'기보다도 그렇게 하지 않으면 안되는 것이죠.

최 뭐, 이제는 그렇게 되고 있는데도 불구하고 재일의 경우는 구태의 잔재가 새롭게 형태와 성질을 바꿔 역습해 오는 시대이지 않습니까?

그러한 시대이기 때문에 《달은 어디에 떠 있는가》를 위해 모인 한 사람의 글쟁이, 한 사람의 영화감독, 또 한 사람의 극작가에, 그리고 영화를 만드는 것으로 자신의 의견을 굽히지 않고 주장하려는 또 한 사람의 야심가, 이를 필연이라고는 할 수 없겠지만, 유별난 네 사람이 있고, 이러한 것들이 겹쳐서 패거리가 생긴 겁니다.

이 우리들 '네 명의 야심가'라는 것은 뭘까요?

최 저는 분명하게 하나의 유닛이라고 생각합니다. 우리가 이것으로 뭔가 운동을 일으키자든가, 이것으로 하나의 작은 핵이 되어 이 핵을 널리 퍼트려서 좀 더 크게 키우자든가, 그런 것은 아마도 아닐 것입니다. 일단 저는 전혀 그런 생각이 없습니다.

그러니까 오늘 이만큼이나 길게 이야기했으니까 내일부터는 다른 사람이 해도 괜찮겠지라는 마음입니다.

그것이 원작을 접하고 느낀, 원작이 가진 대담함과 호탕함이라고 저는 생각합니다. 운동, 정치 그런 건 전부 내팽개치고 '내가' 중심인 소설입니다. 이를 통해 비로소 전체가 보이게 됩니다.《달은 어디에 떠 있는가》는 그런 방법론을 아주 분명하게 따르고 있습니다.《달은 어디에》를 세세하게 들여다보면, 우리 네 명의 개인사에 관해 서로 대화를 나누는 사이 자연스럽게 이야기의 토대가 만들어졌던 것 같습니다.

곤란할 때는 원작자

이 　시나리오를 다듬으며 각자의 개인사가 어떻게 엮어 들어간 걸까요?

최 　저와 정 작가가 시나리오를 다듬을 때 원작을 고려하면서 하다보면 매우 곤란해질 때가 생깁니다. 어떤 때는 당사자, 어떤 때는 관찰자의 시점에 있는 주인공 = 양석일이라는 한 청년의 존재 그 자체에 대해 이리저리 힘들게 고민했던 부분이 있었습니다.

우리는 영화를 위한 이야기를 만들려 하고, 동시에 그 이야기를 부정하고 싶은 나 자신이 있고. 이런 식으로 시나리오를 써 내려가는데, 원작이 그린 세계는 일본의 전후 사회를 헤쳐 나온 한 청년의 궤적이지 않습니까?

그런데 제가 살아 온 시대, 이 피디가 살아온 시대, 정 작가가 살아 온 시대가 각각 엇갈려 있고. 『택시 광조곡』을 현재로 다시 설정한다는 핑계로 제멋대로 가져오는 것이 아니라, 바로 그 엇갈림 안에서 본질적으로 역시 "피는 이어져 있구나. 소름 끼치게도."라는 것을 드러내고 싶었습니다. 그런 걸 보여주고 싶었기 때문에 시간이 대단히 많이 걸렸습니다.

이 난관에 봉착하거나 한 적은….

최 당연히 원작의 분석에서부터 시작했는데 그 부분에서 많이 고심했지요.

그럴 때 항상 도움이 됐던 것은, 이것이 정 작가와 항상 얘기했던 '주특기'입니다만.

정의신(이하 정) 곤란할 때는 원작자. (웃음)

양 하하하 (웃음). 저를 이용해 먹었군요.

이 이럴 때 양 작가님이라면 어떻게 할까? (웃음)

최 먼저 그것을 생각하는 것입니다. 양 작가님의 존재 그 자체가 문학인 겁니다.

정 '걸어 다니는 문학'. (웃음)

이 그렇다면 다다오라는 주인공을 양 작가님은 실제로 어떻게 생각하십니까?

양 보다 보면 말이죠. 후반으로 갈수록 어딘지 모르게 저랑 점점 비슷해져요. (웃음)

최 여러 방면으로 생각했습니다. 다다오라는 인물은 도대체 어디서 뭘 하며 살았을까? 예를 들어 정치 쪽에 있었나? 운동권 출신일까? 그게 아니라 항상 엉뚱한 데를 짚고 있었던 걸까?

뭐, 민족교육[5]은 받았지만, 그건 저나 의신, 봉우도 나름의 체험이 그 안에 담겨있는 부분이 있습니다.

결론적으로 말하면 그는 정치적인 소년은 아니었습니다. 운동권과는 뭔가 관련이 있겠지만 정치가 자신의 본질이고 인생의 전부라고 생각하는 남자는 아닌 거죠.

양 저는 이미 달관해서, 민족의식 문제라 하더라도 요컨대 민족적 정체성보다, 무엇보다도 본래 조선인이었다는 것은 틀림없고 당연한 거니까, 선험적인 것에서 출발하자는 생각입니다.

지금까지 정체성 문제와 관련해서는 질질 끌어왔잖아요.

최 제 말로 하자면 '처음부터 이미 갈가리 찢어진 존재'. 거기서부터 출발하면 된다는 겁니다.

양 그런데 출발은 하지 않고 그 출발선에서 이미 어지럽게 뒤섞여 있으니까 앞으로 나아가지도 못한 채 오히려 뒤로 물러나 버리게 되는 것입니다. 그렇게 끌려가게 되고.

이 그래서 영화의 경우에도 그 부분에서는 두 분 다 반대 의견이 없었던 거군요.

최 그러한 의미에서 보자면 추 씨, 즉 강충남의 존재도 거기서부터 출발한 것이 아닐까요?

양 저도 그렇게 생각합니다.

---

5) 민족교육 : 현재 재일 코리안에 의해 운영되고 있는 민족학교는 조선총련계에는 대학 1곳, 고급부 12곳, 중급부 56곳, 초급부 81곳으로 전체 150개 학교가 있다. 학생 수는 약 2만 명, 한국 민단계에는 도쿄에 1곳, 교토 1곳, 오사카 2곳으로 총 4개 학교가 있으나 한국에서 온 기업 등의 일본 주재원 자녀가 다니는 경우가 많다. 법적으로는 각각 각종전문학교로 취급되고 있다. (수치는 93년 현재)

최　그러니까 "어떻게 인생을 즐겁고 재미있게 살까?"라는 질문에
　그 핵심 비결을 친절하게 알려주는 영화인 겁니다. (웃음)

이　그런 의미에서 첫 부분에 나오는 결혼식 장면6)이 좋았다는 거
　네요. (웃음)

최　인간은 서로 사랑하며 살아가는 존재입니다. (웃음)

연애 상대의 설정

이　인물 설정 이야기로 돌아가죠.

최　그럼 연애 상대 설정에 관한 이야기를 할까요?
　우리는 사랑 이야기도 어딘가 끼워 넣고 싶었거든요. 원작에는
　연애물이라고 할 만한 부분이 없지만 말입니다.

이　처음부터 연애 상대를 필리핀 인으로 설정했었던가?

정　아니요, 재일이었습니다.

최　이 부분이 재미있어요. 이혼 후 부모님 집으로 다시 들어온 재일
　여성이고 택시회사에서 일합니다. 이 여성 인물 말고 또 한 명 재일
　여성이 있는데, 주인공과 삼각관계라는 설정이었는데, 그냥 포기
　했죠.
　왜냐하면, 결과적으로 남성들만의 판이 돼서 살벌해졌거든요.
　근데 그 살벌함이 요즘 젊은 사람들의 말로 하자면 '완전 멋짐'입
　니다.

---

6)　결혼식 장면 : 이 영화의 오프닝 시퀀스에 나오는 장면으로 신랑은 조선계, 신부는
한국계라는 설정이다. (177쪽, 204쪽의 관련 내용을 참고)

정　최 감독과 저는 그 '완전 멋짐'이란 게 아무래도 가짜라는 생각이 들었습니다.

최　인간미가 느껴지지만 실은 아무것도 아닌 것 같은.

　　뭐, 그래도 그 나름대로 시나리오로서 완성도는 높았지만.

정　그거야말로 가장 마음에 들지 않았던 부분이었습니다.

최　정말 그랬습니다. 저 자신이 내향적인 것을 매우 싫어하는데도 내향적으로 흘러가는 연애 이야기가 됐던 겁니다.

정　하지만 자꾸 그런 쪽으로 흘러가면서 우리도 모르게 그런 식으로 됐죠

최　그 부분을 버리고 연애 이야기를 다시 살리는 데까지 상당히 시간이 걸렸습니다. 완성하는 데까지.

이　하지만 잘라낸 부분 중에는 제 개인적으로 매우 좋아하는 에피소드가 많이 있었는데요.

정　뭐, 그건 상영 시간상 자를 수밖에 없었기 때문에 어쩔 수 없었죠.

이　어쩔 수 없긴 했지만 아직도 아쉽습니다.

정　우리도 아쉬운 부분이 아주 많습니다. 울며 겨자 먹기로 버린 것이 말이죠. 정말 고민, 고민하다가 마지막에 최 감독과 함께 그냥 됐다며 싹둑싹둑 잘라냈지요.

최　저는 잘라내서 잘 됐다고 생각합니다. 왜냐하면, 저나 정 작가 안에 의외로 로망이라는 게 있었거든요.

　　그래서 그냥 그대로 했으면 우리가 '밝고 희망찬 이야기'를 하고 싶었던 만큼 시나리오도 그렇게 됐을 겁니다. 그래서 그 뜻에 반하여 자신 안에 있는 그런 부분을 때려 부수고, '밝고 희망찬 이야기'

가 아닌 것으로 만들어나가는 것, 싹둑 잘라내는 것, 이야기를 마치 다른 것으로 만들어나가는 것 같은….

정 풍부하게 보이는 이야기성을 일단 버림으로써 반대로 풍부해졌 습니다.

최 지면상에서 우리가 추구하는 풍부함이라는 것이 풍부한 것처럼 보일 뿐, 실은 별로 풍부하지 않았던 겁니다.

그래서 결국 캐릭터 설정에서부터 시작해서, 주인공이 어떤 인물인지 다시 고민하기 시작했을 때 '연애'라는 것에 충돌했습니다. 사람은 반드시 혼자서는 살아갈 수 없는 존재라는 의미에서 연애, 반드시 상대가 있으므로 자기 자신도 있다는 것, 그런 생각이 있었던 겁니다.

이 원래 대본에 가득 써 놓았기 때문에 그렇게 잘라내도 행간이 풍부했던 것이겠지요.

이미 한 번 여러 가지 많이 생각해 놓았기 때문에 잘려 나간 에피소드도 영화 안에 녹아 있다고 느꼈습니다.

최 말 한번 잘하는군요. 이 피디. (웃음)

이 결과적으로 좋았습니다. 다만 지금 생각하면 약간 아깝지만요.

최 처음에는 말이죠, 이 피디는 너무 길다고 했다가, 그다음에는 왜 잘라내느냐고 하기도 했죠. "이 여자, 저는 너무 싫습니다!", "이런 여자 없어요. 이런 여자 최악입니다."라는 등 엄청나게 불평했으면서도 말입니다.

어쨌든 나는 코니의 존재를 용서할 수 없었다

정　"이런 연애 이야기는 있을 수 없습니다." (웃음)

이　그렇게 생각했죠. 왜 그런 식으로 바로 두 사람이 맺어집니까?

정　예? 외국영화에서는 더 간단하게 맺어지는 것도 있다고 했으면서.

최　우리도 그렇게 말했는데, 사람 말을 전혀 안 듣는군요.

양　저의 『자궁 속 자장가』를 읽으면 알 텐데요. (웃음)

이　알겠습니다. 역시 제가 로맨티시스트인 거네요.

양　응? 누가?

최　그래서 저와 정 작가가 말했었죠. 이 피디는 "완전 고전적인 조선 놈"이라고.

이　잘 모르겠는데요.

정　정말 1세 노친네들과 닮은 부분이 있다니까요. 사고방식이.

올드 커머와 뉴 커머의 대결?

최　그럼, 인물 설정에 관한 이야기로 다시 돌아가면 재일의 이혼 여성이라는 설정을 빼고 나서는 '한국에서 온 뉴 커머로, 수완 좋고 억척스러운 여자'가 등장하는 것도 있었습니다.

이　맞아요. 있었습니다.

정　보기 좋게 실패였죠. 아무래도 이야기를 억지로 끌고 가는 것 같았습니다. 도저히 안 되겠더라구요. 어떡해도 한국이랑 관련이 되는 겁니다.

최 처음에 우리는 다른 관점이었지요. '예전부터 있었던 사람(올드 커머로서의 재일)과 새롭게 이주해 온 사람(뉴 커머로서의 한국인)과의 포복절도 참신한 사랑' 이야기를 생각했어요. 하지만 써 보니 도저히 안 되겠더군요.

정 어떡해도 안 좋은 쪽으로 흘러가는 겁니다.

이 '응?' 하고 생각했더니 바로 버렸더군요. 연애는 서로의 결점을 봐 버리면 끝나는 거 아닌가요?

정 저든, 최 감독이든 뉴 커머나 한국에 대해 가지고 있던 생각이 자꾸 반영되는 겁니다. 역시 첫 번째 원고를 썼을 때 우리 스스로는 별로 괜찮다고 생각하지 않았지만, 읽어 본 사람들은 좋다고 했습니다. 즉 일종의 영웅주의를 우리 안에서 끌어내서 억지로 끌고 간다는 걸 아주 잘 알게 됐습니다. 그래서 이런 건 이제 한물갔으니까 버리자고 했지요.

이 양 작가님과도 닮지 않았었지요.

최 양 작가처럼 둥글둥글 살아가면 좋은데 말입니다. 응?

양 (음…).

정 그러니까 양 작가님의 원작 안에서는 그런 영웅상이 있죠?

이 네, 있지요.

정 원작에는 그러한 영웅상이 짙게 드러나고, 시나리오에도 강하게 드러났습니다만 현실의 양 작가님은 절대 그렇지 않다고 생각을 바꿨지요. (웃음)

최 그래서 거듭 얘기하지만 여러 가지를 버린 덕에 두 사람 모두 천재라고 평가받는 것 같지만 말입니다.

이 어디서? 누가요?

최 우리가!!

정 아무도 얘기해 주지 않으니까 서로 '천재'라고 부르고 있는 겁니다. (웃음)

최 천재들은 말이죠, 다 그렇게 착실하게 노력을 합니다. 연애 상대와는 옥신각신하고….

정 거기서 '코니와 함께 우리가' 등장하옵니다. 짝짝짝. (웃음)

일동 하하하. (웃음)

왜 필리핀 인 코니인가?

이 코니의 존재에 대해서도 의견이 분분했는데 그와 관련된 이야기를 해 주시겠습니까?

최 이 피디가 먼저 얘기해 봐. 코니의 존재에 엄청나게 까다롭게 굴고 얼토당토않은 말을 해 놓고선 말이야.

이 그러니까 다다오라는 존재는 자기 나름대로 문제없이 가는데, 그건 양 작가님을 모델로 한 덕분이라고 생각합니다.

그런데 저는 이래저래 여러 가지로 생각해서 말했던 겁니다. 두 사람에서 시나리오를 쓰고 있는데 옆에서 제가 참견할 수는 없죠. 제 개인적으로 한 말이 아니라 주변에서 "왜 코니가 나오는 거지?", "왜 필리핀 인이지?"라고 자꾸 딴지를 걸어서, 그래서 말했던 겁니다. 지금 생각해 보면 쓸데없는 걱정이었지만요.

양 저는 코니의 존재에 대해서는 거부감이 없어요. 뭐, 초기 시나

리오밖에 못 보긴 했지만. 이후에는 일부러 안 보여줬겠죠. (웃음)

일동 하하하. (웃음)

이 더 보여줘 봤자….

양 코니에 대한 거부감은 없었습니다. 오히려 필리핀 인이 등장해서 이야기의 폭이 넓어지겠다는 느낌을 받았습니다. 게다가 영화로 만들 때는 여성 인물이 필요할 거라 생각했습니다. 제 소설에는 여성이 거의 나오지 않으니까 그런 느낌으로도 괜찮을 거라고 생각했습니다.

이 그렇다면 양 작가님에게서 마음에 걸렸던 부분은 무엇입니까? 제목이라든가.

양 저에게는 마지막까지도 전혀 알려주지 않았다고요.

최 이 피디, 그걸 다시 거론하면 안 돼. 이제 겨우 잊어버렸는데 말이야. (웃음)

정 아, 역시 양 작가님은 여전히 마음에 담아두고 계셨군요.

양 아니요, 그 이야기는 다음으로 넘기고. 각본 단계에서는 마지막 결말 부분이 이탈리아 영화 같은 느낌으로 너무 간단하게 끝났어요. 그리고 사장인 가네다[7]가 자금 조달이 어렵게 되면서 정신이 나간 상태로 자기 회사에 불을 지르지 않습니까? 그와 관련해서 자세하게 묘사되지 않아서 좀 별로였습니다. 그래도 영화에서는 좋아지긴 했지만요.

최 그때 그걸 그대로 보여줬으면, 한 세 시간은 쉬지 않고 대꾸도

---

7) 가네다 사장 : 가네다 택시회사의 사장. 본명은 김세일, 주인공 다다오의 조선고교 동창이면서 고용주. 거품 경제가 꺼진 상황에서 골프장 경영을 간절히 바라고 있다.

제대로 못 하면서 양 작가 이야기를 들었겠지요. 그리고 술기운도 점점 오르고, 개별적인 이야기가 전체론으로 되고, 양 작가님 특유의 '이러지 않으면' 식의 논리로 흘러가 버리거든요.

양　그랬습니까?

최　그랬었죠. 거의 '조선 독립의 아버지'가 됐었죠. (웃음)

양　진짜인가요? (웃음) 여기 술 좀 주세요.

이　안 돼요. 안 돼. 아직 이릅니다.

최　그래서 특유의 '하지 않으면 안 돼'라는 식인 겁니다. 하지만 그런 느낌이 1고에 있었습니다. 당연히 원작을 바탕으로 하면서, 정치의 계절에 비뚤어진 한 남자가 어딘가 관찰자 같았습니다. 이는 동시에 원작이 가지고 있는 시점이지 않습니까? 관찰되는 대상은 굉장히 재미있게 그려지지만, 나중에 보니 관찰자 한 사람만의 이야기가 됐다는 것을 깨달았습니다.

　　그런 건 영화적으로 표현하기도 매우 어렵고, 결과적으로 불쾌한 영화가 될 수도 있습니다. 그런 부분이 확실히 있었죠. 처음에 나온 1고가 그런 의미에서 완성도가 정말로 높았습니다. 물론 그 시나리오로 할 수 있겠다는 감도 왔고 이 피디도 이견이 없었지만, 하지만 동시에 정치의 계절 안에서 비뚤어진 재일의 그림자를 너무 억지로 끌고 가는 각본이었습니다.

정　약간 힘이 들어갔던 게 아닐까요?

이　맞아요. 관계자에게 보여줘도 너무 힘이 들어가 있다며.

최　영화는 다 만들어지고 난 뒤 그 가치를 알 수 있습니다. 그래서 우리는 다시 논의를 시작한 겁니다.

그래서 "우리의 주인공은 과연 어떤 인간이라는 것일까?"라는 주제로 돌아갔습니다.

　　원점으로 되돌아가 원작에 대한 분석을 다시 했던 거죠. 그런 작업을 여러 곡절 거치며 이윽고 다다른 곳이 영화에 나오는 '우리들의 사랑스러운 추 씨'인 겁니다.

정　그래서 곤란할 때는 양 작가.

최　앞길이 막혔을 때는 양 작가를 떠올리는 거죠. 1년 반이 걸렸지만 말입니다.

양　그런 거였습니까? 단순히 돈이 없어서 크랭크 인할 수 없었던 게 아니었던 거네요?

　　그사이 할 게 없으니까 그런 걸 하고 있던 게 아니었나요?

최　당연히 아니죠. (웃음)

이　각본이 정말 안 나와서 계속 연기됐습니다.

양　정말요? 돈이 없어서 오히려 좋은 결과가 나온 게 아니었습니까? 돈이 있었으면 1년 반이 걸리지 않고 바로 했을 것 같은데.

최　그렇지 않습니다. 정말로.

양　그랬다면 지금쯤 상도 하나 못 받고 게거품을 물고 있었겠지요. (웃음)

이　아슬아슬했습니다.

최　잘 된 거죠.

제작 비화

이 그러한 이유로 시나리오를 3번이나 새로 쓰고 1년 반이나 걸려서 완성했습니다.

최 3고를 읽은 관계자들의 감상인데, 일본인 제작자는 발을 빼려 했습니다.

이 맞습니다. 모두들 발을 빼려 했죠.

최 뭐, 이 영화가 일본 영화에 새바람을 불러일으킬지 어떨지는 아직 두고 봐야 할 문제긴 하지만, 제법 새로운 것을 시도한다는 사람들도 발을 뺐습니다. 역시 어딘지 모르게 일본 영화 자체가 어떤 후진성을 품고 있어요. 그리고 그걸 확대 재생산해 버립니다. 그런 것이 저에게는 의외였습니다. 일본 영화계에서 가장 괜찮다고 알려진 사람들도 발을 뺄 정도로 이미 일본 영화는 망가졌습니다.

그리고 양 작가한테서 여러 번 돈 얘기가 나왔지만, 투자자와의 교섭을 위해 접대라는 것도 꽤 있지 않았습니까?

정 예.

이 있었지요.

최 기획 단계부터 대단히 많이 했지요.

이 정 작가는 항상 자고 있었지만요. (웃음)

최 제가 가장 질려 했던 것 같습니다. 아, 정말, 우리가 하는 이야기가 절대 틀리지 않았다고 생각했는데, 그들은 일단 허세부터 부립니다. 있는 허세 없는 허세까지 다 끄집어내는 겁니다. "도대체 당신한테는 일제 36년[8])이 아무 의미도 없어?"라고. 어떤 반박도

할 수 없는 가장 먹힐 만한 것을 끌고 들어오는 거죠.

그래서 "이렇게 해야 해."라고 말하는 사람이 많아요. 뭐, 정말 싫지만 자기 잇속은 차려야 하니까요. 이런 부류의 인간이 나중에 시나리오에서 아라이 고슈 즉, 박광수[9]라는 인물로 이어졌습니다.

뭐, 그냥 나이 든 1세라면 이해하겠지만, 같은 세대나 혹은 좀 더 젊은 놈들이 그렇게 말하는 겁니다.

대체로 장사 잘 하고 있는 놈이던가, 거품 경제로 돈 좀 벌어서 용케도 때 좀 벗은 녀석입니다. 왜 그런 녀석들은 그렇게 되는 건지, 그 정도로 훌륭하게 우리 영화의 모델에 딱 들어맞는 재일도 없었습니다.

양 역시 그들은 대의명분이라고 할까, 그런 것을 가지고 자기 합리화하지 않고는 못 견디는 법이지요. 살아가질 못해요.

최 그건 말이죠….

양 그건 말인데 반대입니다. 보수적인 인간일수록 자기 합리화를 꾀하지 않으면 아무것도 할 수 없습니다. 하지만 술 한잔 마신 것만으로도 알겠다며 아무 말 없이 돈을 내는 녀석도 있습니다.

이 이 영화 때문에 저 혼자서도 한 20명 정도 만났는데 그중 한, 두 명뿐이었습니다. 그런 좋은 사람은. 나머지는 정말 피곤했습니다.

최 이건 이것, 저건 저것이라고 딱 잘라 구분할 수 있는 사람, 즉

---

8) 일제 36년 : 1910년의 '한일병합조약'부터 45년 일본 패전에 의한 해방까지 조선이 일본 제국에 의해 36년간 통치되던 시대를 가리킨다.

9) 아라이 고슈 혹은 박광수 : 다다오와 가네다의 동창생. 금융업자. 거품 경제 시기 졸부 지향의 재일이 겉으로 내세우는 명분으로서 '조국 통일' 등을 외치던 경우가 있었다.

상대를 인정할 수 있는, 그런 사고방식을 가진 사람이 의외로 적습니다. 모순은 떠안지 않은 채 당연하다는 듯이 본심과 명분만 있는 거죠.

그들이 '바보'라면서 이렇게 웃을 수 있지만, 곰곰이 생각해 보면 슬픈 일입니다. 그러니까 반드시 어떤 연합체가 있고 자금 운용 시스템이 있어서 그 자금의 용도가 명분 이외에는 아무것도 아닌 거죠.

근데 그게 실은 별 노력 없이 돈만 굴리는 겁니다.

양 하하하. (웃음)

이 계10) 같은 것이죠.

정 재일 문화인 거죠.

---

10) 계 : 조선의 전통적인 상호 부조 조직. 가정사에서 큰돈을 필요로 하는 혼례, 상례 등에 대비하여 가입자가 서로 같은 금액의 돈을 일정 기간 내고 필요에 따라 소정의 돈을 차례차례 받는 방식이다. 친족의 테두리를 넘어 주로 지역 사회 등의 신뢰 관계를 기반으로 형성된다.

첫 단추를 잘못 채운 채 보는 영화

더 젊은 세대는 반(反)《달은 어디에 떠 있는가》로서 다른 스타일을 만들어 낼 수 있을까?

이　이 영화는 재일의 젊은 세대도 많이 봤습니다만 3세, 4세가 보고 난 후 반응이라든가, 어떻게 받아들였는지, 그리고 《달은 어디에 떠 있는가》가 하나의 본보기로서 받아들일 수 있는지, 그렇지 않으면 반(反)《달은 어디에 떠 있는가》로서 3세, 4세가 또 다른 스타일을 만들어 갈 수 있을지 궁금합니다. 그런 의미에서 우리는 반(反) '이회성' 같은 부분이 있었던 것 같습니다. 영화로 말하면 오구리 고헤이[11]가 만든 《가야코를 위하여》와 같은 영화는 만들고 싶지 않았고, 또한 과거에 있었던 영화와도 다른 것을 만들고 싶었습니다.

그래서 젊은 세대에게 《달은 어디에 떠 있는가》가 어떻게 비쳤는지 매우 관심이 많습니다.

그리고 이어서 말씀드리면 보다 젊은 세대에게, 예를 들어 10

---

11) 오구리 고헤이 : 1945년 군마 태생. 영화감독. 여러 영화의 조감독을 거쳐 《진흙강》으로 장편 데뷔. 이후 《가야코를 위하여》(1984)으로 예술선장 신인상 수상.

년 후에 어떤 식으로 회자될지 그와 관련해 여러분의 생각은 어떻습니까?

최 저는 결과적으로 이 영화는 남게 될 것으로 생각합니다. 재일이 앞으로 어떤 일에 맞닥뜨릴지 모르겠지만 재일의 실정과 오히려 점점 멀어져 영화로서 확실히 남을 겁니다. '통쾌한 연애 활극'으로서 말입니다.

이 영화로서요?

최 순수한 영화로서, 최종적으로는 그걸 지향했으니까요. 이것은 운동의 최전선도, 총괄을 위한 영화도, 새로운 영화를 위한 영화도 아닙니다. 재미있는 이야기를 위한 영화라고 할 수 있습니다. 서로 다투기도 하면서 여기까지 온 거긴 하지만, 재미를 위한 영화라는 것은 분명하고 그래서 어느 하나 빠질 것 없는 영화라고 생각합니다.

이전에 아오모리에서 상영할 때 제 학교 동기의 아들도 말했습니다.

친구 아들이 학업도 운동도 다 잘하는 애로, 뭐 보통의 아이들과 다름없는 아이입니다. 중학교 3학년인 그 애가 보러 왔지요. 그리고 다 보고 나서 어땠는지 물어봤더니 "왕 재미있어요."라고 대답했습니다.

이 중3이…. (웃음)

최 예, 그 애는 일본 학교에 다니는데, 이 녀석이 "왕 재미있어요."라고 하는데 여기서 우리는 새로운 용기를 얻었습니다.

그 애는 아오모리에 사는데, 도쿄와 오사카와는 전혀 환경이 다르지요. 거주 환경도. 재일의 사정도 마찬가지로 전부 다릅니다.

아오모리의 재일은 아오모리 현의 사람들에게 동화되어 있습니다.

그런데 그 애는 이 영화에서 커다란 재미를 발견하고 반응을 보였습니다. 그건 그거대로 매우 좋았습니다. 이와 비슷하게 도쿄에서 상영했을 때 기시타니 고로[12]의 철없는 여성 팬들이 재미있는 건 딱 봐도 느낌이 온다고 한 것과 같은 겁니다.

즉, 젊은 세대 대부분이 똑같이 반응한 겁니다. 거의 똑같아요.

저는 반대로 그러한 부분이 믿음직스러웠습니다. 그리고 20대 대학생과 재일 한국인, 중국인 유학생 등이 나온 라디오 방송에서도 역시 비슷한 반응이었습니다. 그 중에는 "저런 여자는 없어요."라고 한 여성도 있었습니다. "뭐라는 거야? 저런 여자만 있는 건 아니야."라고 받아치는 여성도 있었습니다. 사람들은 제각각 다른 법이지요.

한국에서 온 같은 유학생이라 하더라도 계층이 다르면 가치관도 다르고, 그건 도쿄도 똑같지 않습니까? 그래도 반응을 들어보면 대체로 속도감이 있어서 재미있었다고 합니다.

양 그래서 그런 이야기를 들으면, 러시아 소설 『이반 데니소비치의 하루』 같은 게 떠오릅니다만, 《달은 어디에 떠 있는가》는 정치나 현재 일어나고 있는 여러 문제를 직접적으로 말하지 않으면서도 그러한 측면을 드러내는 게 아닐까 생각합니다.

---

12) 기시타니 고로 : 주인공 간다 다다오를 연기. 당시 TBS라디오의 〈기시타니 고로의 도쿄 라디오 클럽〉에서의 개성적인 모습으로 젊은 팬들로부터 절대적인 인기를 얻었다.

젊은 세대나 조직의 평가는 어떻습니까?

최 조금 전 양 작가의 말과 이어지는 것 같지는 않지만, 그건 재일이라는 존재가 선험적으로 있는 한, 그런 구조 안에서만 꿈틀거리는 인간이기 때문에 더욱더 재미있는 거죠. 당연한 이야기 아니겠습니까? 처음부터 세상은 평평하다고 생각해 버리는, 평평하지 않으면 안 된다는 이런 교조적인 부분이 젊은 3세, 4세에게 엿보여서 솔직히 말해 좀 화가 났습니다. 설문지를 읽었을 때 "이 녀석 바보잖아."라고 생각했습니다. 왜 재미있는 것을 그냥 재미있다고 말하지 않는지….

싫으면 싫은 것으로 됐습니다. 좋고 싫은 건 자유이니까요. 그러한 자유를 우리 영화는 보장합니다. 뭐라 하든 상관없어요.

다만, 우리 영화를 오해했다고나 할까? 해석을 완전히 틀리게 하는 녀석은 '바보'라고 할 수밖에 없습니다.

그런 식으로 만들지 않았다고 더욱 확실히 대응해야죠. 우리의 이 피디는 우리 영화가 먹혀들었다고 생각하지만….(웃음)

이 그렇죠. 조선대학의 선생님들이 화를 내며 저한테 전화한 적이 있습니다. 지금이니까 말할 수 있는데요, 결론은 영화가 화젯거리가 됐으니까 조선대학 선생님들이 모두 봤다는 겁니다. 조선대학 학생들도 모두 보고, 한동안 계속 우리 영화가 굉장한 화제였다고 하더군요. 그래서 "어떻게 화제가 됐습니까?"라고 묻자 "할 말은 너무 많지만 그래도 뭐, 재미있었어."라고 대답했습니다. 모두가 하나같이 재미있다고 했습니다. 그리고 그 '재미'가 그들의 말을 빌리자면 지금까지 본 적 없는 재미였다는 겁니다. 그리고 일본 영화라고 봐야 할지, 아니면 재일 영화라고 봐야 할지 잘 모르겠다고도 했습니다. 그들이 이해하는 것에서 조금 빗겨나 있는 겁니다. 그것 자체가 저는 재미있었습니다.

그래서 말하고 싶은 것이 무엇이냐면, 가장 말하고 싶은 것은 역시 김일성 초상화가 걸려있는 거실에서 주인공의 엄마가 성매매에 관해 이야기하는 장면이라든가, 종이상자 밑바닥13)에 돈을 얼마나 숨겨 놓았는지, 이런 겁니다.

최 10만 엔.

이 10만 엔이에요? 돈 봉투를 상자 밑바닥에 붙이는 장면이나, 거짓말 안 하고 이런 걸 그런 식으로 노골적으로 보여줘도 괜찮을까 생각했습니다. 요컨대 이런 거죠.

양 제가 쓴 『밤의 강의 건너라14)』에 대한 반응과 완전히….

이 똑같습니까? 완전히?

양 그런 게 있지요.

최 신주쿠에는.

양 그냥 있는 게 아니라, 아주 많이 있지 않나? 하지만 굳이 일부러 글로 쓰지 않아도 된다는 식으로. (웃음)

---

13) 종이상자 밑바닥 : 재일코리안이 일본에서 북한에 있는 가족들에게 금품을 보낼 때 배송 도중에 생활비로 보낸 현금이 도난당하지 않도록 사례금을 봉투에 넣어 종이상자의 밑바닥 뒷면에 박스 테이프로 붙이는 장면.

14) 『밤의 강의 건너라』 : 1990년 작. 밤의 신주쿠 가부키초의 뒤편에서 활동하는 조선인 야쿠자, 한국 술집의 호스티스, 사채업자, 부동산업자들과 벌이는 재일 포커 플레이어 도박사를 주인공으로 한 소설.

최 아, 그래서 생각났습니다.

청구상15)이라는 것을 받았는데요. 그와 관련해 아사히 신문에 나온 기사가, "재일의 치부를 그린~".

이런 게 화가 납니다. (분노) 그래서 제가 오히려 문구를 안 고쳤으면 한다고 말했습니다. 그래서 청구상으로 받은 표창장에 "재일의 치부를 그린"이라고 적혀 있어요.

'치부'가 아니라고 말했는데, 사람 사는 이야기라고 말했는데 말입니다.

이 그런 것 같습니다. 조금 전에 말한 "굳이 쓸 필요가 없잖아?"라는 말투죠. 뭘까요, 그 의미는?

양 '굳이'가 아닌 겁니다.

정 평범한 것을 평범하게 그린 것만으로, 지금까지 거짓말을 했다는 것이죠. (웃음)

시침을 뗐다고 할까….

최 시침을 떼고 있었다. (웃음)

이 그런 비판이 많았습니다. 다만 젊은 세다가 이제부터 어떤 식으로 생각하고, 뭔가 리액션을 해 나갈까, 이런 생각들도 있지만 말입니다.

최 어차피 이래야 한다, 저래야 한다는 메시지를 널리 알리려고 만든 영화가 아니니까요. 그런 영화가 절대 아니죠.

일단 재일이 만들었으니까 그럴 거라 생각하는 것 같은데, 그래

---

15) 청구상 : 심사위원은 재일코리안으로 구성되어 있고 매년 가장 훌륭한 활동을 한 재일코리안 개인이나 단체에 수여한다. 청구는 조선의 별칭.

서 누군가 우리를 '재일 4인조'라고 부르는 모양이지만….

양　위험하네요.

최　맞아요, 위험하죠. 조만간 재판에 끌려나갈지도. (웃음) 하지만 뭐 오늘 좌담회도 그런 구석이 있긴 하지만. 어쨌든 우리는 재일의 대표단이 아닙니다.

이　맞습니다.

최　전혀 아니죠. 그러니까 그런 이해가 부족하면 이 영화에 관해서도 엉뚱하게 받아들이게 되는 겁니다.

　그런데 우리 영화를 잘했다는 식으로 보는 사람이 많이 없어요.

이　그렇죠. 별로 없지요.

최　개중 정말 몇몇은 그렇게 생각하고 있지만. 좋고 싫은 건 정말 자유입니다. 재미있든 없든 그런 건 자유입니다.

　하지만 우리들은 되도록 재미있는 영화로 만들려고 노력했고 그 이외의 노력은 하지 않았어요.

　그래서 그런 부분과 관련해 첫 단추를 잘못 채우면 이런 것을 완전히 부정하기 위한 영화가 돼 버립니다. 저는 그게 말이죠, 이 피디가 말한 조선대 학생들 같은 젊은 세대도 일본인처럼 속마음과 겉모습이 따로따로인 구조를 조금씩 습득하게 된 게 아닌지 의심스럽습니다.

　그리고 물론 이 영화가 일본에서 상영됐을 때 95퍼센트 이상이 당연히 일본인 관객이었지만, 반대로 일본인 중에서도 일부는 역시 그랬죠.

첫 단추를 잘못 채운 채 영화를 본 일본인

이　영화를 보는 방식이 정해져 있는 것은 아니지만 첫 단추를 잘못 채운 채로 보는 사람이란?

최　즉, '하기와라 마사토의 양심판16)' 같은 녀석! 본질은 거의 바뀌지 않으면서 택시비를 떼어먹고 도망친 남자를 이해해 주지 않으면 안 된다는 감각, 역시 그런 사람이 있지요.

　재일 한국인·조선인 문제라든가, 한반도 문제라든가, 왠지 모르게 그런 것을 이해해 줘야만 한다는 것. 이해해 주지 않으면 납득할 수 없다는 것. 그러한 사람이 제법 있는 것 같습니다.

　즉 제가 어떤 운동권 사람들에게 비판받은 것과 같은 이치인 겁니다.

정　저도 한번 그런 말을 들은 적이 있으니까요.

이　어떤 말을 들었습니까?

정　정통 다큐멘터리를 찍는 어떤 영상 작가 A 씨라는 사람인데요.

이　아, 그 사람이라면 저도 비슷한 말을 들었습니다.

정　제법 많이 찍었어요, 그 사람, 한국에 대해.

이　이 전에 들었던 건데, 우리 영화에 대해 "일본인과 재일 모두를 이 정도로 바보로 만드는 영화는 없었다."라며 화를 냈습니다. 그는 일본인이잖아요? 일본인이지만 그 사람이 주장하는 것은 "일본인은 재일과 한반도의 사람들에게 사죄하지 않으면 안 돼."라는 것입니다.

---

16) 하기와라 마사토 : 204쪽 참고.

정　있습니다. 그런 사람이. 아주 많지요.

이　그런 자세야말로 불운한 관계를 새롭게 만들어 낸다고 하지만…. 그게 이해할 수 없는 겁니다. 일본인이 그런 말을 하니까.

정　그런 사람 정말 많습니다.

이　많지요. 그런 부류의 사람이. 그런 부류의 사람들은 우리 영화를 받아들일 수 없는 법이죠.

최　그러니까 그런 사람은 재일에도 있고, 일본인 중에서도 많이 있어요. 그리고 그들은 그런 교조적인 명분론으로 먹고살아요.

이　맞습니다. 그걸로 먹고살죠.

최　그러니까 제 생각을 말하자면 그런 녀석들은 조선 깡패인 겁니다.

이　그리고 또 그들을 먹여 살리는 것이 주변의 재일들이지요. 그게 또 이해가 안 되는 부분이죠.

최　그러니까 일의 본질이 전도된 것입니다. 즉, 그 사람 안에서 어떡하든 무조건 약해야 하는 사람, 그게 재일이든, 조선반도이든, 한반도이든 그런 약한 사람이 있어야 하는 겁니다.

이　그런 발상 많지요.

정　약해서 도와주고 싶은 사람들이 아니면 절대 안 되는 겁니다.

최　그러니까 일본의 근현대라고 하는 것은 자기네보다 강한 것을 너무 싫어합니다. 확실히 그런 게 있어요. 이건 재일 문학이 내향적으로 되어가는 것과도 연결되는데요. 뭐 이건 나중에 이야기합시다. 결국, 일본에서 사는 한 그렇게 되는 겁니다.

하지만 일본에도 다양성이라든가, 중층성 같은 것이 있는데도 불구하고 역시 기본적으로는 내향적으로 되어 갑니다.

즉 내향적인 인간은 자신과 똑같이 내향적이지 않은 사람은 딱 차단해 버립니다. 거기서 유일하게 용납할 수 있는 것은 자기 자신보다 약한 자입니다. 그러한 인식을 바탕으로 자기가 위에 서지 않으면 아무것도 할 수 없는 게 있지요. 역시 이것은 양 작가가 일본은 아직 촌락사회라고, 촌락사회를 못 벗어났다고 자주 말씀하시는데, 분명 그러한 측면이 있습니다. 내향적인 부분은 약한 것을 자꾸만 요구합니다.

그러니까 얼마 전 아카데미 시상식에서 상을 독점했던 영화에 담겨 있는 것과 어떤 다큐멘터리 작가가 가진 사상을 관통하는 "약한 자는 지켜주지 않으면 안 된다"라는, 이런 사상이 저는 매우 싫습니다.

이 그런 방식이 본질적으로는 철저한 차별이라고 생각합니다. 그거야말로 가장 심한 차별이고 "어차피 너희들은 그런 인간이야."라며 머리를 쓰다듬어 주며 끝내는 것과 같은 거죠.

최 이런 것도 우리 영화에서 잘 얘기하고 있지만, 대등하리라 생각하기 때문에 삐걱거리는 소리가 납니다. 그런 알력에 관한 이야기가 아닙니다. 아니, 그러한 알력이 만들어 낸 이야기라고 하는 게 맞습니다.

그래서 영화에서는 있는 그대로, 숨김없이, 감정이 향하는 대로 힘차게 달려 나갑니다. 그런 부분에서 분명 질주하는 느낌이 있습니다. 그 느낌을 관객들이 재미있게 받아들였다고 생각합니다.

즉, 실제 일상 안에 그런 게 꽤 있으니까요. 꿈속 세계를 그린 게 아닙니다.

그러한 의미에서 매우 현실감 넘치고 속도감이 있는 영화라고 생각합니다.

그러니까 그러지 않았으면 좋겠지만, 좌익 중에서도 보수적인 사람들에게 용서하기 어려운 존재가 됐습니다.

이　일본의 영화계만이 아니군요.

최　그건 이 나라에 아직도 계몽이라든가, 교육이라든가, 이런 걸 좋아하는 사람이 아주 많이 있기 때문입니다.

이　양 작가님의 주변이나 문학계 등은 어떻습니까? 이런 분위기가 있습니까?

양　저는 문단 쪽과는 전혀 관계가 없습니다. 근래에는 모두 호평입니다. 히라오카 마사아키 씨 등 대단하죠.

최　스가 히데미와의 논쟁은 어떻게 됐습니까?

이　스가 히데미 씨가 『키네마순보』나 『영화예술』에 쓴 글을 읽어 봤습니다만, 논점이 없는 것 같아서 논쟁이 되지 않을 것 같은데요.

최　그거 정말 기대하고 있었는데, 좀 아쉽긴 한데요.

재일 외국인은 어떻게 보는가?

이　코니에 대한 것도 그렇습니다만, 재일코리안을 포함해 재일 외국인은 《달은 어디에》를 어떻게 보고 있을까요? 이란인이라든가 필리핀인도 나오고, 그런 와중에 "처음으로 진짜가 나왔다."라는 말도 들리는데, 어떻습니까? 즐겁게 봤을까요?

최　음…, 즐거운 영화라고 하기보다 '일본영화'로 묶는다면 이렇게 말할 수 있을 것 같습니다. 조금 전에 이회성 씨나 오구리 고헤이 씨의 《가야코를 위하여》에 관한 이야기가 나왔습니다만, 이 피디도 말했지만, '맑고, 가난하고, 아름다운' 것에서 벗어나고 싶다는 게 아닙니다.

'인간의 행위는 즐거운 건 즐거운 것, 슬픈 건 슬픈 것으로 이루어진다.'는 것을 영화로 보여주고 싶었다고 말했는데, 정말로 거기에만 힘을 쏟았죠.

그렇다고 한다면 지금까지 일본 영화 속에서 외국인을 다루는 방식이나 묘사하는 게, 역시 제가 아까 말한 것처럼 그들을 꽁꽁 묶어 놓고 싶어 한다는 겁니다. 정말로 완전히 가둬 놓으려고 거기에만 집중하잖아요. 일단 가둬 놓으면 방약무인할 수 있고, 어떤 형식도 없고, 답답한지 아닌 지도 모르고. 그러니까 있지도 않은 이야기를 하게 되는 겁니다.

그렇다고 우리가 진실한 이야기를 하려고 외국인을 등장시킨 것은 아닙니다. 물론 시나리오 과정에서 진지하게 그들을 취재했지만, 그 외 따로 새로운 것이나 모험을 시도하려고 한 적은 전혀 없었습니다. 특별히 뭔가를 의도해서 그들을 영화에 등장시킨 게 아닙니다.

예를 들어 이란인을 그리는 방식도 그렇고, 다른 한편으로 여주인공인 코니와 관련해서도 마찬가지입니다.

이 　지금까지 필리핀 인을 묘사하는 방식이라든가, 그런 것에 대해 "그건 아니야."라고 지적을 많이 하지 않습니까? 반론이 많잖아요?

최 　루비도 그렇게 말했죠.

이 《달은 어디에》 이후에도 그런 영화(재일 아시아인이 등장하는 영화)가 나올 것 같습니까?

최 글쎄요.

최 저는 감독으로서 더 나오지 않을 거라 생각하는데, 다른 사람은 따라 할 수 없을 겁니다.

정 그런 영화를 만드는 게 좀 어렵거든요. 여러 의미에서.

최 그래도 제가 아직 일본 영화계에서 희망을 버리지 않은 건 말이죠. 이 피디의 분석대로 지금의 작가들이, 기획도 포함해서, 어딘가 주저하고 망설이는 부분이 있는 것 같아요. 할 수 없다고 단정해서 말할 수는 없습니다.

단 거기에는 관습을 타파한 4인조가 있었다는 게 전제될 테지만. (웃음)

이 저는 일본 영화계의 주변을 보고 있으면 그런 힘이 없는 것 같은 기분이 듭니다. '코니의 묘사 방식'만 하더라도 무리라는 기분이 들어요.

최 코니 역의 루비 모레노를 캐스팅한 TV 드라마 감독[17]이 엄청난 비판과 항의를 받은 적도 있습니다. 지금도 그 문제가 해결되지 않고 있지만….

그 드라마를 가끔 봤는데, 차별이 아니라고 우기고 있으니 그 말도 맞겠지라는 생각이 듭니다. 감독이 "밝고 힘찬 필리핀 인을 그리고 싶었다."라고 주장하는 것처럼 말이죠. 그런데 그와 관련해

---

17) TV 드라마에서 감독 : TV 드라마 《필리피노를 사랑한 남자들》(1992)을 연출한 미즈시마 사토루가 그린 이 작품에 대해 '재일필리핀 여성 네트워크'가 항의했다.

사실관계를 정확하게 그렸으면 했습니다.

그런 의미에서 그런 게 제대로 안 된 부분이 결혼 축하를 한답시고 마닐라에서 가장 빈곤한 곳, 스모키 마운틴[18]에서 돈을 뿌려대는 겁니다.

이 뭘요?

최 금품, 물건을 말이죠. 역시 묘사 방식에서 너무 무신경했습니다.

아니, 다르게 말하면, 있을 수 없는 일입니다. 다마키 고지와의 결혼을 드디어 이해하게 된 엄마 역의 나카무라 다마오가 루비와 함께 트럭에 올라타 돈을 뿌려대며 스모키 마운틴으로 가는 겁니다, "축하해!"라며. 누가 이런 걸 축하할 수 있을까? 다만 저는 그것을 단순한 차별이라고 생각하지는 않는데, 역시 그건 약한 아시아라는 인식을 일본인이 여전히 가지고 있으며, 확실히 그런 측면이 철저히 담겨 있다는 겁니다.

하지만 그 한 장면만을 가지고 차별적이라는 등, 그런 바보 같은 생각은 안 하지만 그래도 역시 그러한 인식이 어딘가 밑바닥에 깔려 있습니다.

그러니까 저는 "가난하니까 넉살 좋고, 씩씩하게 살아가는 사람도 있다."라는 식의 낙천주의를 믿지 않습니다.

그렇지 않은 측면이 확실히 있습니다. 예를 들어 우리의 《달은 어디에 떠 있는가》의 경우에도 그런 게 있습니다. 간단히 말해 삶이 풍족해지는 과정에서 인간은 변질해 가는데, 이러한 측면을 제

18) 스모키 마운틴 : 필리핀 마닐라 교외에 있는 빈민가. 도쿄의 유메노시마처럼 필리핀 각지에서 온 쓰레기 수거차가 이곳에 쓰레기를 투기한다.

대로 보여주고 있습니다. 그것은 재일에만 국한된 것이 아니라 보편적인 문제라고도 생각합니다.

역시 필리핀에서 왜 이렇게 많은 사람이 오는 거냐고 묻는다면 돈이 있는 나라에 가난한 사람이 물밀 듯이 들어오는 것은 굳이 과거 역사에서 찾아보지 않아도 당연히 알 수 있는 보편적인 겁니다.

그런 관점이 어긋나 버리면 사물을 바라보는 방식도 어긋나게 됩니다. 어긋난 관점을 가진 영화감독이나 각본가, 작가들은 제대로 바라볼 수 없게 되는 겁니다.

양   또 하나, 일본은 '국제화, 국제화'라고 10년째 계속해서 말하고 있으면서도 전혀 국제화되지 않았다는 점입니다.

오히려 폐쇄적으로 되어 가는 경향까지 있습니다. 일본인이 일본의 영화든 문학이든, 재일 외국인을 그리려고 하면 반드시 자기 자신도 완전히 드러내지 않으면 안 되게 되어 있습니다. 하지만 이런 것을 좀처럼 할 수 없는 것이죠. 그런 관계성을 좀처럼 잘 이해하지 못하는 겁니다.

그럼 결국 재일 외국인만을 그리는 일방통행적인 묘사가 돼 버립니다. 그래서 작품 대부분이 한쪽만을 그리고 맙니다. 즉, '재일 외국인의 상황' 같은 것만 그리고 끝나지요. 그러면 역시 진실의 한 측면을 빠트리는 겁니다. 이런 것은 설득력이 없어요. 창작하는 사람이라면 이런 문제를 어느 정도 알고 있을 겁니다.

그래서 매우 만들기 힘든 법입니다.

이   자신을 그들 입장에 두지 않으니까요.

양   자신을 그런 입장에 두는 것은 어렵지만 자기 자신을 들춰내는 것은 할 수 있다고 생각합니다. 그러나 그걸 못하는 거죠.

일본적인 것에서 빠져나와서 비춰 보는 것. 어떤 영화라도 그 나름의 국민성이라는 것이 있지만, 일본의 경우 특히 일본적인 것에 전부 수렴해 버리는 경향이 강한 것 같습니다. 결국, 일방통행이 되는 겁니다. 그러니까 좀처럼 그런 작품을 만들 수 없는 겁니다. 이번 경우와 같이, 이 영화에서는 그야말로 그 양면성이 동시에 쫙 하니 매우 잘 드러난 겁니다. 그건 역시 우리가 모두 재일이기 때문에 할 수 있었던 측면도 조금은 있다고 생각합니다.

외국에서는 어떻게 보았을까?

편집부   이 영화가 아직 미국에서는 상영되지 않았죠?

최   하와이의 영화제에서 하고 있지요. 실제로 상영 문의도 오고 있습니다. 다음은 판매 상의 마무리가 남아있는 것 같지만 말입니다.

편집부   그쪽에서는 어떻게 받아들이고 있습니까?

최   하와이에서 반응이 어땠냐면, 일단 하와이 영화제의 좋은 점은 무료라는 겁니다. 따라서 여러 사람이 보러 왔습니다. 취향이 까다로운 시네필 말고도 많은 사람들이 옵니다.

그리고 하와이는 아시아계가 많으니까 제 영화 상영 때에 아시아계 사람들이 오월동주 하게 되는 거죠. 일본계, 중국계, 한국계 등 각각의 커뮤니티가 있고 공통의 언어로 영어를 하고, 거기서 다시 새로운 정체성의 한국인이 늘어나고 있는 혼돈 속에서 상영됐습니다. 그런데도 상영장에는 폭소로 가득 찼습니다.

일본에서는 좀처럼 웃지 않는 "이… 이… 이제부터 일본은, 다…
다… 다민족 국가를 형성하는 것인가?"라는 대사에서 웃음이 터졌
습니다. 그들에게는 일본이라는 재미있는 나라, 이상한 나라의 영
화인 겁니다.

영화를 보고 있는 사람들 중 누구도 이제부터 일본이 이해심 많
은 다민족 국가가 된다고는 믿지 않으니까요. 그런데 그걸 불량배
가 말하니까 정말 웃긴 거죠. 관객의 수용력이 꽤 높았고 제가 노렸
던 것과 매우 가까웠습니다.

만약 10년 전에 《달은 어디에》가 만들어졌다면?

이 조금 다른 이야기입니다만, 만약 10년 전에 이 영화가, 혹은 이
런 종류의 영화가 만들어졌다면 어떤 반응이었을까요?

최 만약 10년 전에 만들어졌다면 '아주 공격적인 작품'이었겠지요.
제 생각에는 소수자의 세계를 좀 더 그린 이야기로 됐을 겁니다.
사용 언어는 일본어이고, 좀 더 소수자들의 고유한 문화를 만들어
간다는 내용으로 말이죠. 아마도 그런 사상이 배어 있는 영화였을
겁니다.

제가 10년 전에 생각했던 건, 특별히 과거 역사를 청산해야 한다
는 식의 영화는 아니었습니다.

역사 청산을 해야 한다, 이런 것이 아니라 그럴 시간이 있으면
재일 고유의 문화를 구축하는 것이 먼저라고 생각했었지요.

양 뭐, 이번《달은 어디에》도 여러 가지 사정도 있었고, 단순히 영화로 제작하게 됐다는 사정도 배경에 있지만, 그 이상으로 역시 상황적으로 이런 절묘한 타이밍에 만들 수 있었다는 것이 중요한 요소인 것 같습니다.

최 말도 참 잘해요. 아주 예전에 양 작가에게 전화했을 때는 "정말로? 정말 할 수 있나? 진짜로?"라고 했잖아요. (웃음)

이 제작 단계에 들어섰을 때도 "정말로?" (웃음)

최 그러면 또 혼자 난리 나죠.

잡지 같은 데나 책에 인터뷰도 하고 글도 마구 쓰고. 허리띠까지 풀어 헤치고. (웃음) 정말 성미 급한 노친네.

양 어쨌든 정말 대단했습니다. (웃음)

재일은 국경을 넘는다 - 각각의 한국 체험

양석일, 마음의 여행 / 폭소·예사롭지 않은 여행 체험

이   시기를 같이해서 이번 4월에 우리 4인조가 한국을 방문했었는데요. 정 작가는 5번째, 최 감독과 양 작가님은 처음, 저는 2번째였습니다. 그런데 뭐 저도 이 전에 갔을 때 실제로는 48시간만 있었으니까 이번이 처음이나 다를 바 없지만. 어쨌든 그와 관련한 감상을 한 분씩 말씀해 주셨으면 합니다.

그럼 정 작가는 5번째이지만 영화관계자를 만난 것은 이번이 처음이었습니까?

정   처음이었습니다.

이   좀 달랐죠?

정   조금 달랐다기보다 이번에는 무서운 기세로 재빠르게 지나갔다고 하는 것이….

양   이번에 갔을 때도 여기저기 많이 다녔습니까?

정   제주도에도 갔고, 제법 남쪽까지 갔습니다. 서울, 부산, 제주도, 이렇게 세 도시….

양   아버지는 어디 출신인가요?

정 　저희 아버지는 충청남도입니다. 서울에서 좀 떨어진 논산이라
　 는 곳입니다.

최 　촌놈!

정 　뭐-? (웃음) 자기 연고지가 서울에 좀 가깝다고.

최 　촌놈!

정 　아버지가 항상 말씀하셨는데, 저희 고향 시골은 서울에서 가깝
　 다고….

　 실제로 가 보니 뭐가 가까운지, 너무 떨어져 있는 거죠.

양 　그런데 정 작가의 아버지는 연세가 어떻게 되죠?

정 　그러니까 일흔이시니까, 다이쇼 시대….

양 　일흔, 그러면 자네 아버지나 우리 아버지 연배가, 재일 1세군요.
　 이분들에게 서울이란 곳은 굉장한 곳이지요. 일본에서도 지방 사
　 람은 도쿄를 동경하잖아요. 서울이 그런 곳이죠. 평생 동안 한 번은
　 가보고 싶은 곳 말입니다. 그리고 서울 기생과 얘기해보고도 싶고,
　 그게 평생의 소원 같은 것이었습니다.

최 　우리 집은 같은 경기도 안에서 수원이라는 곳입니다. 도쿄와 가
　 마쿠라 관계라고 자주 들었습니다만.

　 정말로 그런 것 같았습니다. 다들 그곳이 유서 깊은 곳이라고
　 말하더군요. 예전에 번화했던 도회지였던 것도 맞고.

이 　양 작가님은 어디입니까?

양 　저는 제주도의 중문면.

이 　시골이군요. 대포 쪽, 서귀포군요.

양 　매우 한적한 곳이라고 하는 것 같더군요.

최　가 보지 않았습니까? 이번에.

양　갔습니다.

이　그럼 그 이야기부터 하죠. 양 작가님의 대박 이야기부터.

양　이번에 갈 때 NHK도 함께 갔습니다.

최　하하하, 이상하군요. (웃음)

양　이게 말입니다. NHK 위성방송에서 하는 〈마음의 여행〉이라는 방송으로, 제가 거기에 나가게 된 겁니다.

　　그리고 나서 갑작스레 서울에 가게 됐는데, 한국에서 저를 초대했다는 이야기를 NHK 측이 들었던 것 같아요. 그래서 그 방송을 취소하고 다른 내용으로 만들기 위해 따라온 것이죠.

　　그래서 4명이 왔습니다. NHK라고 해도 '테무진'이라는 하청 회사지만. 어쨌든 공항을 나서면서부터 굉장했습니다. 공항을 나갔더니 이미 기다리고 있는 겁니다. 6명 정도가 있었고 꽃다발까지 받고 김포공항에서부터 이미 카메라도 돌아가기 시작했습니다. (웃음)

50인의 성난 해녀들

양　뭐 그렇게 하다가, 당초 목적지인 제주도에 가게 됐습니다. 제주도에 가기로는 했지만, 제 아버지나 어머니는 이미 돌아가시고 안 계시지요. 친척 중에 사촌 형제 2명도 이미 세상을 떠나 없지요. 그리고 그 외 친척이라고는 아무도 몰랐지만, 없지는 않겠지 생각했습니다. 하여튼 제주도에는 출판사 책임자도 한 명 따라갔습니다.

그리고 제주도 어디냐고 묻기에 "중문면의 대포입니다."라고 했더니, "아 어딘지 알아요. 그럼 가 봅시다."라는 겁니다. 그래서 대포의 마을 사무소로 갔습니다. 조용한 곳이더군요. 거기 갔더니 약간 나이 드신 남자 세 분 정도가 있었습니다. 거기서 NHK가 사정 설명을 하고 영상을 찍고 있다고 말하는 겁니다. 즉, "양 작가님이 처음으로 고향을 방문해서 집안사람을 찾았다."라는 장면을 찍고 싶다고. 그리고 사무소 사람에게 물어봤죠, 그랬더니 진짜 나오는 겁니다. 진짜로. 제 아버지 성함과 어머니 성함에서 그 자식들, 제 본명은 양정웅이라고 하더군요. 전부 나오는 겁니다. 60년도 전에 것이 온전히 남아있는 겁니다.

최 호적이 남아있었던 거군요.

양 그랬더니 나이 드신 세 분 중 한 분이 "당신 아버지 형의 딸아이와 처가 살아 있어요."라고 말하는 거죠.

이 굉장히 가까운 친척이군요.

양 아버지가 돌아가셨지만 '형제'인 겁니다. 한국의 친척 개념19)으로는 같은 집안사람이나 다름없는 겁니다. 그러니까 갑자기 NHK가 긴장해서 "그분, 어…어디에 계십니까?"라고 묻자 그분의 한 마디, "제 아내입니다!" (웃음)

일동 하하하.

---

19) 조선의 친척 관계 : 조선에서는 부계 혈통의 원리를 기반으로 부계 친족이 기본. 농촌에서는 12친등까지는 가까운 친족으로 본다. 예를 들어 10친등이라고 하면 증조부의 사촌 형제의 증손자에 해당한다.
　　관련 사항으로 족보 : 유교 사회를 지탱하는 것으로, 부계 혈통제 사회의 토대, 몇십 대 전의 조상에서 현재에 이르는 계보를 기록해 놓은 것.

최 너무 과장된 거 아닙니까? (웃음) 완전 만화네요.

정 그게 웃음 포인트였군요. (웃음)

양 아니, 진짜는 좀 더 있어야 나옵니다. 그리고 말이죠 "앗! 그러면 지금 어디 계십니까?"라고 물었고 NHK도 "빨리 갑시다!"라며 안달 내더군요. 그러니까 그 아재가 "안 돼요. 지금은 일하고 있어서.", "그럼, 일하고 계신 곳에 가서 찍고 싶습니다. 빨리 가시죠.", "안 돼요. 지금 바다에 들어가 있어요." 이렇게 대화가 오고 갔습니다.

이 해녀군요.

양 해녀이더군요. 그리고 그쪽으로 가 보자고 이야기가 돼서 갔습니다. 그래서 가봤더니 울퉁불퉁한 바위 밭이더군요. 탈의장이 몇 개 있었는데 아무도 없고 모두 바닷속에 들어가 있었습니다.

　　제주도 해녀는 일본 해녀와 달리 물가 주변에서 하거나, 남편이랑 함께 배를 타고 나가는 방식으로 하지 않아요.

　　제주도는 일당백으로 혼자서 제법 먼 바다까지 나가서 합니다.

이 기술이 상당하겠군요.

양 어쨌든 이미 물에 들어가 있으니까 알 수 없는 겁니다. 서울의 유명한 잡지사 기자들도 저를 취재하기 위해 따라왔는데요. 그중에서 촬영 기자 한 명이 바다 쪽으로 "어이! 어이!" 하고 부르는 겁니다. 손을 크게 흔들며, 그렇게 해도 당연히 들리지 않을 텐데 말이죠. 11시쯤부터 12시 정도에 모두가 바다에서 올라오는데, 그때를 기다리면 되는데 말입니다.

　　그런데 제 기자회견이 오후 2시부터 예정되어 있었습니다. 이번에는 NHK가 이렇게 된 이상 감동적인 장면을 찍고는 싶으니까 2시 기자회견에 저는 시간을 맞출 수 없다, 무리라며 우겨대는 겁니다. 일단 카메라가 돌기 시작하면 어떻게 될지 모르기 때문에 우리는 여기서 멈출 수 없다는 등, 시간이 어느 정도 걸릴지 모르니까 출판사와 NHK가 왁자지껄 서로 불만을 늘어놓으며 다투는 거죠. 그래서 어느 쪽이든 양쪽 모두 빨리 만나지 않으면 안 된다는 결론을 내렸습니다. 촬영 기자도 빨리 끝내고 싶으니까, 아까 그 남편분이 "안 돼, 안 돼"라고 말하는데도 "어이! 어이!" 부르니까, 해녀 두 분이 바다 위로 올라오는 겁니다. 그리고 잠수복을 벗는데 두 사람의 얼굴이 새파랬습니다.

"무슨 일 있습니까?", "당신들 뭐야!", "마을에 뭔 큰일이라도 났습니까? 누가 죽었나요?", "아이고! 벌써 심장이 두근거려서 죽을 것 같네. 무슨 큰일이라도 난지 알았잖아요!"

"뭐야, 할 말이 있으며 해 봐!"

무시무시하게 화를 내는 겁니다. 그리고 두 사람이 화내고 있는 사이 잇따라 해녀분들이 올라오는 겁니다. (웃음)

일동　하하하. (웃음)

양　줄줄이 바다에서 나오는 거죠.

모두 올라오더니 조금 전 두 사람과 같은 반응으로 "뭐야! 내 딸은 여기(바다)서 작년에 죽었어." 또 어떤 한 분은 "작년에 우리 집에 불났었지." 무슨 큰일로 마을 전체에 큰 소동이 난 줄 알았다며 제각기 호통치고 따지고 덤벼드는 겁니다. 대단했습니다.

정　오! 이거 완전 영화네요! (웃음)

양   NHK도, 카메라 든 사람도 감동의 첫 만남을 찍기는커녕, 앞뒤 양옆으로는 화간 난 해녀들이 돌을 던지고 있고, 렌즈랑 카메라는 부서질 것 같고, 고작 할 수 있는 거라고는 온몸으로 카메라를 지키는 것뿐. 한 50명 정도 됐습니다. 50인의 성난 해녀들에게 완전히 포위당했죠.

정   50인의 성난 해녀! (웃음)

양   그 아내분, 즉 제 사촌이 말이죠, 남편분에게 "당신이 있으면서도, 당신은 여기서 태어나고, 자라고, 나이도 처먹었으면서?!"라고 호통치고….

이   역시 제주도 여자는 강해!

양   남편분은 "아니, 나는 그러지 말라고 했는데…"라며 기어들어 가는 목소리로 말하는 겁니다. (웃음) 그래서 말입니다. 해녀분들이 저마다 "이래 돼서 오늘 일은 이거로 끝이야. 어떻게 할 거야!?", "우리는 하루에 10만 원에서 20만 원은 번다고. 그만큼 변상해."라고 나오는 겁니다.

최   여자는 강해. 뭐 그건 당연한 거죠.

양   그래서 한 사람 10만 원으로 해서, 단순히 계산해도 50명 500만 원입니다.

최   새파랗게 겁먹었겠군요.

양   그런 돈도 없고….

만남은 어땠습니까?

이 그래서 결국 그 친척분과는 만났습니까?

양 그러니까 그 여자였습니다. 가장 많이 화냈던 그분 말입니다.

이 그럼 양 작가님과 만나서 감격 같은… 걸 할 상황이 아니라….

양 '분노'였죠. 일단 먼저 제가 왜 거기에 찾아왔는지도 몰랐고. 카메라도 있고, 사람들도 줄줄이 달고 왔고.

　　그러는 사이에 해녀분들과 잘 이야기해서 30만 원으로 해결하는 것으로 됐습니다. 그래서 출판사가 10만 원, NHK가 10만 원, 촬영 기자와 잡지사가 10만 원, 합계 30만 원. (웃음)

정 삥 뜯겼네요. (웃음)

양 근데 뭐 우리 쪽이 잘못했고, 할 수 없이 그렇게 해결하자고 했습니다. 그렇게 해결할 수 있다면 그걸로 됐다고 생각했습니다.

　　그리고 30만 원을 건네주려고 하는데 가장 연배가 높아 보이는 할머님이 나무라는 겁니다. "안 돼, 돈 받는 거 아니야."라고.

　　"그러면 못써. 이 사람들은 말이야, 서울에서 와서 아무것도 모르고 우리들을 부른 거야. 나쁜 의도가 있었던 게 아니야. 우린 기겁하고 너무 놀랐지만, 오늘은 어쩔 수 없어. 그러니까 너네들 이걸로 주스나 사 와. 다 같이 마시고 이 자리에서 시원하게 없던 일로 하세."라고, 이렇게 된 겁니다.

정 역시나.

최 감격입니다. 정말 멋진 할머니이십니다.

양 아주 감동적이었습니다. 그리고 바로 주스를 사 와서 마시고,

분위기도 겨우 누그러졌습니다. 그랬더니 NHK가 다시 분위기를 살피면서 "근데 양 작가님의 사촌분은 어느 분이십니까?"라고, 그런 말을 내뱉는 겁니다. 하지만 그 여자분, 본인이잖아요? 그 해녀분은 계속 시무룩한 얼굴로 인상을 쓰고 있었죠. (웃음)

이 이런 쓰잘머리 없는 친척이 온 탓에…. (웃음)

양 이번에는 다른 해녀분들이 갑자기 "아이고! 오빠 찾아서 다행이네."라면서 분위기를 띄우는 겁니다. 촬영 기자도 해녀분들도 투덜대는 그 여자분과 초조하게 있는 저에게 "손잡아 봐.", "두 사람이서 생긋 웃으며 사진 찍어." 이런 말을 하는 겁니다. 그리고 그 분위기를 타고 촬영 기자가 제 사촌에게 "집안사람과 만난 기분이 어떻습니까?"라고 물었더니, "기분이고 뭐고 아직 화가 부글부글 끓는다고!" (웃음)

최 최고야, 최고. (웃음)

정 눈물의 대면도, 구질구질한 것도 없음. (웃음)

양 그러고 나서 겨우 그 여자분도 마음을 좀 가라앉힌 것처럼 보였습니다. 저와의 관계도 명확하게 알게 됐고, 왜 왔는지도 알았으니까. 이러 저러다 보니 오후 2시가 다 되더군요. 2시간 정도 서로 투닥거리고 있었으니까요. "이제 기자회견에 가야 합니다.", "그쪽 회견장에서는 이미 기다리고 있습니다."라고 말하고 일어나려고 하는데, 제 사촌인 그 여자분이 "잠깐만요! 어디 가는 겁니까?"

"그러니까 이제부터 기자회견에…."

"기자회견인지 뭔지 모르겠지만 그런 것보다 오빠도 있어요. 오빠 어머니도 있고, 당신한테는 형이 됩니다. 오빠가 양씨 집안의 묘지를 지키고 있어요. 그러니까 꼭 성묘하고, 오빠도 만나고, 제 어머니께도 인사드리지 않으면 서운합니다."라는 겁니다.

그렇게 말을 하는데, 그랬다가는 2시는커녕 아예 끝나는 시간도 못 맞추게 되는 거죠. "기자회견 따윈 냅둬요. 그게 도리죠."라는 겁니다.

이 사촌은 사촌대로 도리에 맞는 말을 했군요.

양 그건 그거대로 이해가 가지만…. "그럼 기자회견하고 인사하러 가세요.", "그게 끝나면 바로 서울로 가서, 일본으로 돌아갑니다." 라고 대답하니까 또 기분 상해 있는 거죠. 이해 못 하겠다는 얼굴로. 달래도 소용없었습니다.

최 같은 집안사람으로서 가족 의식이라고 할까?

정 집안사람들 성묘는 안 하면 안 되죠. (웃음)

이 우리 집도 그렇습니다. 성묘가 먼저, 인사는 그 다음이라는 전통이 있습니다.

양 뭐, 어쨌든 설득해서 도망치듯 기자회견으로 향했지요.

이 음, 그런데 감동의 '마음의 여행' 이야기를 해주시지 않으면. (웃음)

양 이게 제 나름의 '마음의 여행'올시다.

최 어디가 '마음의 여행'이죠?

보통의 것으로서. 최양일의 한국 첫인상

이 최 감독님도 양 작가님처럼 한국은 처음이었는데….

최 와, 정말, 양 작가의 예사롭지 않은 여행담에 홀딱 정신 팔렸습니다.

양 또 있는데.

최 이제 됐어요. 충분해요. 푹 좀 주무세요.

이 이것만 따로 또 합시다. (웃음)

최 제가 한국에 가기로 결성한 것은, 봉우도 같은 생각인데, 《달은 어디에》를 언젠가는 한국에서 상영하고 싶은 생각에, 그게 첫 번째 이유입니다.

뭐, 봉우도 《서편제20)》라는 영화를 일본에 가져오겠다는 야심도 있고, 그래서 함께 가게 됐습니다. 게다가 한국 영화계의 최전선에서 활약하고 있는 사람들도 만나서 이야기 나누고 싶은 좀 가벼운 마음도 있었습니다. 평소에 제가 생각해 뒀던, 만나 둘 필요가 있는 사람들, 즉, 앞으로 언젠가 힘을 합쳐 함께 영화를 만들어 보고 싶은 분들을 만나고 싶었습니다.

베를린 영화제에서 몇몇 사람들과 만났는데, 제 영화도 기꺼이 봐주고 매우 재미있어했던 사람들이 있었습니다. 그리고 "기회가 되면 꼭 한국에 오십시오."라고도 했습니다. 그런 게 계기가 됐는데, 정식으로는 영화 공사의 초청이라는 형태로 한국에 가게 됐습니다.

이 그랬었죠.

---

20) 《서편제》, 일본 개봉 제목은 《바람의 언덕을 넘어》 : 1993년 한국 영화. 임권택 감독 작품. 당시 280만 관객 동원 기록을 세운 한국 영화 사상 최고의 성공작. 전통 예능을 완고하게 지켜나가는 소리꾼 가족의 일상을 통해 '전통 예능의 쇠퇴'를 애절함에 가득 찬 신선하고 아름다운 영상미로 그려 낸, 한국문화의 본질을 추구한 영화로서 평가된다.

최 일본과 영화계 사정이 다른데 '한국영화진흥공사'라는 민관이 함께하는 단체가 있습니다. 그곳 초대로 우리들이 간 겁니다. 뭐, 일종의 대표단이죠. 때마침 여러 가지 일로 양 작가의 한국행과 겹쳤지만 말입니다. 그러면서 우리 영화를 한국에서 상영하고 싶은 희망이 있었습니다.

교류라든가 혹은 서로의 이해를 돈독히 해 나가지 않으면 현실적으로는 불가능한 상황이란 게 있잖습니까.

실제로 일본영화의 유입을 막고 있으니까요.

그래서 그런 게 조금이라도 바뀌었으면 하는 생각으로.

하지만 우리가 무슨 선봉대로 간 것이 아니라 그런 것들을 쌓아가면서 서로의 이해가 깊어지면 좋겠다는 생각에 간 겁니다. 그러지 않는 한 앞으로 나아가지 않을 테니까요. 그게 당연한 거죠. 그런 생각을 가지고 초대라는 형태로 한국에 갔다 왔습니다.

그리고 김포공항에 도착했는데, 도착하는 순간 창밖 경치를 보면 눈물이 밀려올까? 제 나름대로 생각은 했지만, 특별히 아무 일도 없었습니다. 그냥 평소 같은 느낌이었습니다. 차분하게 있자고 특별히 생각한 건 아니었지만. 실제 '현실'을 마주하면 감상적으로 되지 않을까 생각했는데 의외로 그런 건 없었습니다. 표현이 이상할지 모르겠지만 그냥 '자연스러운' 느낌이었습니다.

그런데 제 영화에 관련해서 이야기하면, 한국 내에서는 "재일이 분발해 만든 영화"라고 하던데, 말하자면 좀 편향돼서 소개된 겁니다.

아무래도 한국 내에서 제 이야기가 신문, 방송 등에서 이미 많이

다뤄진 것 같았고, "일본에서 승리한 재일 영화감독"이라는 스토리도 만들어져 있었습니다.

그런 분위기에서 공항에 도착했더니 입국심사에서 이렇게 말하는 겁니다.

"최양일 신생이군요."

어, 내가 이렇게 유명한가 생각했습니다.

근데 놀랍게도 역시 유명했습니다.

제 개인적으로 받은 느낌 이상으로, "재일동포 영화감독으로, 게다가 일본의 영화상을 모두 휩쓸었다."라는 게 커다란 화젯거리였습니다. "일본에서 이겼다."라며. 민족 감정 같은 게 있어서 그런 걸 기분 나쁘게 받아들이는 사람이 없는 거겠죠. 하지만 저는 속으로 그런 건 관계없는데라는 생각이었습니다.

그것보다도 공항에서 가장 기뻤던 건 베를린에서 "나중에 이 사람과는 함께 일을 하게 될 것 같다."라고 예감했던 제작자가 마중 나와 준 겁니다. 역시 같은 영화인으로서 기뻤습니다.

그 사람은 제 기분을 돋우는 듯한 말은 한마디도 하지 않고 그냥 "벗이 먼 곳에서 찾아왔다."라는 느낌으로 아무렇지도 않게 환영해 줬습니다.

당연한 거지만 역시 이러한 게 훨씬 감동적입니다.

어느 나라나 싫은 놈, 어리석은 놈은 있다

이   사람들의 인상은 어땠습니까?

최　취재반과 함께 일단 명동에 갔습니다. 촬영 기자가 사진이 필요하다고 해서. 명동이라는 곳이 일본으로 치면 어딘가요?

정　일본의 하라주쿠와 시부야를 합쳐 놓은 듯한 곳인가?

최　거기에 우리가 머물 호텔이 있었는데, 그 호텔 근처를 걷다가 골목길에서 시비가 붙었습니다. 촬영 기자가 제 사진을 찍기 시작했는데, 그 옆에 가방 가게가 하나 있었습니다. 그 가게에서 일하는 것 같은데, 아무리 봐도 촌놈 같은 한 남자가 '쪽발이21)'라고 저한테 말하는 겁니다.

　　일단 저는 세 번까지는 참았습니다. 가게 장사를 방해했을 수도 있고, 그렇다면 우리 잘못이긴 하지만, 근데 그건 아니었습니다. 전혀 안 그랬습니다.

　　이쪽을 보기에 같이 째려봤는데도 멈추지 않고 "쪽발이, 쪽발이!"라고 계속 놀리는 겁니다. 그리고 네 번째는 더 심하게 말하더군요.

　　"이 새끼! 죽어버렸으면 좋겠는데 말이야."라고 말하는 거죠. 저도 더는 참지 못하고,

　　"이 새끼! 쪽발이라니, 뭐야?!"

　　과거 역사가 이러쿵저러쿵할 문제가 아니라, 역시 냉정하게 따져보면 무지한 사람이 거기에도 있다는 겁니다. '무지'라는 것은 역시 '무지'를 뒷받침하는 구조로서 차별이 있는 것이고, 이건 만국

---

21) 쪽발이 : 일본인을 경멸하여 부르는 말. 일본인이 나막신이나 짚신을 신은 모양이 발굽이 갈라진 돼지의 발과 같이 보여서 쪽발이라고 부른다. 또한, 재일에게는 반쪽발이라고 경멸하여 부르는 말이 있다.

공통인 것 같습니다.

뭐, 그 젊은 남자도 분명 가족이 있을 것이고, 부모도 있고, 형제도 있고, 어쩌면 결혼도 했을지 모릅니다. 그런 걸 생각하면 역시 "어느 나라에 가도 똑같구나."라고 느꼈습니다.

그러니까, 그 상황에서 살짝 이성의 끈을 놓칠 뻔했습니다. "당신 뭐라고 했어?"라며. 제가 일본인이었다 하더라도 그런 일에는 화가 났을 겁니다. 그랬을 테죠. 그 남자는 제가 재일조선인이라고 알고 말한 건지, 일본인이라고 생각하고 말한 건지 확실하지는 않지만 말입니다.

뭐, 일본의 멍청이와 다를 바 없다고 생각한 거죠. 그 다음은 기자회견에서 저에게 선글라스를 벗어라, 안 벗어도 된다며 말썽이 좀 있었습니다. 봉우가 통역해 주긴 했는데, 통역하는 본인이 순간 정말 욱 하는 겁니다.

이 정말 진상이었죠. 통역하기 싫어질 정도로.

최 일본에서도 몇 번 한국 기자가 저를 취재했고 이미 기사가 됐는데, 거기에 온 기자들도 정말 이야기를 만들고 싶어 했습니다. 즉 "매우 고달픈 역사를 통과한, 일본 사회의 차별에 허덕이며 고생에 고생을 겪고, 드디어 영화감독이 되어, 일본 안에서 역경과 싸우면서, 게다가 영화를 찍고 재일 문제를 다루고, 나아가 일등 상까지 받은 최양일." 그런 본보기를 그들은 요구하는 겁니다.

어디서든 그런 걸 요구합니다. 그게 아니다, 틀렸다고 말을 하는데도 말이죠. 분명 재일은 재일이지만 그렇다고 특별히 그런 생각을 짊어지고 살아오지도 않았고, 그런 맥락에서 영화계라는 곳이 일본 사회에서는 (예외적으로) 자유 경쟁 구조라고 말했습니다. 경쟁 사회에서 경쟁 원리가 작동하는 것은 당연하고, 힘이 있는 자가 살아남는 세계인 겁니다. 그런 의미에서는 싸웠지만, '민족 차별 반대'라든가, '민족정신을 잃지 마라'라든가, 뺏고 빼앗기는 인식으로 영화를 만들어 온 게 아니라고 몇 번이나 설명했는데도 알아듣질 않더군요. 제 말에 대해 알겠다고 대답한 어느 한 기자도 "그럼 최양일 선생, 구체적으로는 어떤 고생을 하셨습니까?"라고 또 그렇게 물어보는 겁니다. (웃음) "고생 안 했습니다."라고 말하는데도 말이죠.

이 아, 정말로 싫지요. 편견이라고나 할까….

최 하지만, 그게 상당히….

이 상당히 예단하는 것입니다. 10명 중 9명이 같은 질문을 했다니까요.

최 영화 저널리즘조차도 그러니.

이 정치 기자들과 하등 다를 바 없어요.

최 그건 즉, '재일'에 대한 이해의 문제도 있지만, 일본에 대한 한국의 이해나 한반도에 대한 일본의 무지의 정도가 거의 비슷한 수준이라는 겁니다.

이 같은 차원이죠.

최 예, 그러니까 좀 전의 "쪽발이, 쪽발이"는 좀 다르긴 하지만, 역시 같은 차원인 겁니다. 그런 걸 느낀 것과 동시에 한국, 북한이 안고 있는 정치적 긴장 관계 속에 우리를 가둬두고 싶어서 안달인 겁니다.

저는 이번에 한국에 가기 위해 조선적에서 한국 국적[22]으로 바꿨습니다만, 그것도 내 안에서 '특별'한 의미가 있을 것 같았지만, 막상 그런 건 없었습니다. 뭔가 시원했죠. 편안해졌어요. 편안해졌다는 의미는 해외여행이 간편해졌다는 것. 조선적은 여러모로 해외 여행할 때 이것저것 시간이 걸립니다. 그나마 요즘은 상당히 간소화 됐긴 했지만 말이죠.

일본영화의 첨병인가?

최 그것도 아까 나온 이야기인데, 이번 여행에서 중요한 점은 이런 겁니다. "여러분이 한국에 온 것은 여러분 영화를 한국에서 상영하고 싶어서입니까?"라고 묻기에, 그렇게 물으니까 당연히 "언젠가 가까운 시일 내에 상영되면 좋겠습니다."라고 대답했더니 "가까운 시일"이라고 하면 언제쯤이냐고 또 묻는 겁니다. 그래서 "그건 모르겠습니다."라고 대답했습니다. 그건 서로 간에 기회를 보고 나서라고밖에 말할 수 없었죠. 그렇게 대답했더니 "당신들은 일본영화 개방을 위한 선봉대입니까?[23]라고 묻는 겁니다. 이것 땜에 또 욱

---

22) 조선적에서 한국 국적 : 재일코리안 중 '조선적' 소지자가 해외에 나갈 경우 일본 정부의 재입국 허가증이 필요하다. 또한 일본 정부는 재일코리안이 북한 여권을 취득하는 것에 대해 매우 우려한다. 역사적으로 보면 일본 정부는 북한과 국교가 없다는 것을 이유로, '조선적' 소지자를 일본 밖으로 나가지 못하게 하는 정책을 취했고, 해외에 나간 경우에는 재입국을 금지했다. 또한 북한은 한국과 비교해 국교를 맺고 있는 국가가 적기 때문에 비자를 발급해 주는 국가가 적다. 그리고 한국도 '조선적' 소지자를 적으로 여겨 입국을 거부했다. 그러한 이유로 재일코리안 사이에서 고향이 그리워서, 혹은 해외 출국의 간편함 때문에 '한국 국적'으로 바꾸는 사람도 많다.

했는데, 그래서 제가 이렇게 말했죠. "미안합니다만 전 세계에서 영화는 이미 국경 같은 것이 무너진 지 오래됐습니다. 그게 현재 세계 영화의 조류입니다.", "우리는 한 국가의 국기를 달고 온 게 아닙니다."라고 대답했습니다. 제 영화는 일본에서 만들어졌으니까 일본의 영화입니다. 틀림없이 일본영화이지만 일본의 일장기를 매고 간 건 아닌 거죠. 그런 의미에서 우리에게는 국기 같은 건 상관없습니다.

영화만큼 전 세계 국경을 가볍게 넘을 수 있는 것도 없어요. 기본적으로 그런 걸 생각 못 하니 아무리 설명해도 모릅니다. 그런 일로 기분이 점점 안 좋아졌습니다.

그런 와중에 심보가 나쁜 기자가 있었는데 "당신들은 '가까운 시일, 가까운 시일'이라고 하는데 도대체 언제라는 겁니까?"라고 또 묻는 겁니다. 그쯤 되니 거의 냅다 후려쳐 버릴까도 생각했죠. 그런 질문과 또 다른 하나는 역시 "왜 국적을 바꿨습니까?"라는 질문입니다.

국적을 바꾼 이유

최 "왜 국적을 바꾼 겁니까?"라고 한국 기자가 집요하게 묻는 겁니다. "그건 개인의 자유입니다만". 그거야말로 "세계인권선언이

---

23) 일본영화 개방을 위한 첨병 : 과거 일본에 의한 문화 침략의 상흔에서 94년 현재까지 한국 국내에서의 일본영화 상영이나 일본 가요 등, 대중문화 유입을 법률로 엄격하게 제한하고 있다.

나 읽어 봐!"라고 대답해 줄 질문이었죠. "모든 인간은 태어날 때부터 자유롭고, 이동의 자유를 가진다."라고 강조하고 있으니까요. 뭐, 그런 걸 말해봤자 소용없을 것 같았지만 말입니다. 어쨌든 처음부터 사람을 도발하는 기자회견이었습니다. 우리 존재가 그들에게는 재미있을지도 모르지만, 우리가 만든 영화가 재미있는지 없는지는 전혀 묻지 않았습니다. 뭐, 보지 않은 것도 있겠지만 말입니다. 기자 회견장에는 베를린에서 만났던 기자들도 섞여 있었는데 말입니다.

그래서 "그 영화 꽤 재미있어." 정도의 입소문은 좀 탔겠지 생각했습니다. "어떤 영화였어? 이런 영화였어." 정도는 얘기하지 않았을까요? 그 정도 관심은 모두 있었겠지만, 제 태도가 건방지니까 그래서 확 감정이 상한 것 같기도 했습니다.

저도 그들에게 좀 과격하고 과하게 반응했다고 느꼈습니다. 될 수 있는 한 그렇게 하고 싶지 않았지만.

이　저도 《달은 어디에》가 한국에서 상영되면 좋겠습니다만 좀 신경 쓰입니다. 걱정이 돼요. 한국에서 여러 질문을 받았잖아요. 그렇게 질문을 받고 돌아와서 차분히 생각해 보니 역시 한국인이 좋아하는 재일은 '반일적'인 모습에, '항일적'인 영화나 '일본에 이의 제기' 같은 걸 하는 영화를 좋아한다고 느꼈습니다.

그런데 말입니다. 신주쿠 양산박24)은 서울에서도 이미 연극을 하지 않았습니까? 그건 그거대로 굉장한 반향을 불러일으켜 좋지

---

24) 신주쿠 양산박 : 1987년 김수진, 정의신, 김구미자에 의해 결성. 테아트르 상을 받은 《천년의 고독》과 대표작 《인어 전설》은 한국에서도 상연됐다.

만, 어떠한 종류의 반향인지 궁금합니다. 엄청나게 관객이 몰렸다든가 많은 비평이 쏟아졌다든가 말하는데 작품의 본질까지 깊이 제대로 파고들었을까 하는 의문이 들었습니다.

정　깊이 파고들지 않았어요. 그러지 않았습니다.

　　몇몇 신문 등에 난 기사 같은 걸 봤는데 뭔가 이상한 것만 잔뜩 쓰여 있고….

이　저도 그런 게 걱정이라. 물론 정말로 상영됐으면 좋겠습니다. 도전해보고 싶은데 그들이 '우리에 관한 것'이라고 말하기는 뭐하지만, 재일이나 일본에 관한 것도 정말로 모르고 있고, 뭐 100% 이해하라는 건 아니지만 그래도 우리 영화를 보고 과연 그 재미를 이해하고 느낄 수 있을까? 그런 부분에서 저는 자신이 없습니다.

최　그런 것 같습니다. 역시 오랫동안 끊임없이 호소해 왔던 교조적인 내용의 역사 영화라든가, 이른바 항일, 반일적 사상을 가진 재일이 "괴롭고, 가난하고, 아름답게" 나오는 영화라든가 말입니다. 일반적으로 그런 쪽을 바라는 것 같습니다.

　　아마도 가까운 미래에 《달은 어디에 떠 있는가》가 한국에서 상영은 되겠지만, 그래도 '일본영화의 첨병'이라고 말하면 곤란하죠.

이　한국 쪽 제작자가 "정말 재미있었다."라고 해준 말을 믿는 거네요. 이태원 씨 같은 사람은 영화 보는 법을 아니까 재미있었겠지요. 그래서 나름 영화인들에게는 자신이 있지만 말입니다. 일반 관객을 대상으로 하면 어느 정도 관객이 들지, 영화 비평이나 평론이 어떻게 나올지 생각하면 걱정입니다.

최　하지만 말입니다. 영화진흥공사의 이정호 이사가 말하지 않았습니까. 올해 아니면 적어도 내년 초에는 확실히 한국에서 상영한다고. 그리고 아마도 폭발적으로 성공할 거라고. 역시 재일에 대해서는 애증이 교차하는 것 같습니다. 어떤 때는 자기들보다 잘 살지도 모르는 사람으로, 어떤 때는 한국말도 제대로 할 줄 모르고 민족의식을 잃고 일본인이 된 놈들이라고. 그래서 어떤 때는 모국에 있는 우리들이 어떻게든 마음속으로라도 그놈들을 지켜주지 않으면 안 된다는 식으로 생각하고. 재일은 편의주의적인 존재라는 거죠. 그게 사실이죠.

정 그래서 최 감독이 "왜 한국 국적으로 바꿨습니까?"라고 질문을 받았을 때, "한국은 매우 훌륭한 나라이고"(웃음)라든가, 북에 대한 비판이라도 한 번 해줬으면 박수에 갈채까지 받았겠지만(웃음), 그럴 성격은 또 못 돼서.

최 맞습니다. 거기서 눈물이라도 흘려서, 그곳 공항에서 무릎 꿇고 땅에 주먹을 치며 통곡이라도 했으면 분명 훨씬 환영받았겠지요.

이 거짓말이라 하더라도 한마디 정도는 해줄 거라 바랐는데.

최 거짓말 한마디도 하지 않았죠. 그렇군요. 아무래도 우린 그런 게 좀 부족한 것 같네요.

양 뭐, 그래도 대중을 믿어봐도 되지 않을까요? "막상 해보면 쉬운 법."

최 저도 그렇게 믿어봐도 된다 생각합니다. 역시 앞에 나서서 이끌어야 하는 언론 매체 쪽 사람들은 너무 광신적인 게 아닌가 생각합니다. 제가 만났던 사람들에 한에서는 한국의 언론 매체들이 대체로 그런 느낌이었습니다.

이 결론을 내고 이미 정해놓고 옵니다.

최 이미 모든 이야기를 만들어 놓고 오니까요. 모든 게 정해놓은 대로만 되지 않는 법인데 말입니다. 기자 회견장에 온 30~40명 중에는 뛰어난 기자도 당연히 몇 명 있으니까. 그 사람들과 만났을 때는 자연스럽게 이야기할 수 있어서 기뻤습니다. 그런 기회가 적었을 뿐이지만.

양 하지만 아까 최 감독에게 했던 국적에 관한 질문을 저도 몇 번이나 받았습니다. 일본에서 한국 영사관에 가서 신청할 때 들었죠. "이건 한 번밖에 못 씁니다. 다음번에는 한국 국적으로 바꾸지 않으면 안 됩니다.[25)]"라고. 그리고 "조선적을 가지고 있어도 이제는 의미가 없습니다."라고 말해서 "그건 제 마음이죠!"라며 저도 좀 발끈했죠. (웃음) 제 세대는 여러 가지 굴레가 있기 마련입니다. 저도 '글쟁이 나부랭이'이기도 하고, 이런저런 속박 같은 게 있기도 하고, 그래서 국적 변경하겠냐고 묻는다고 대뜸 그렇게 하겠다고 말할 사람은 없죠.

최 그렇죠. 저도 그건 개개인의 자유라고 생각합니다. 양 작가가 조선적[26)]인 채로 한국에 가는 것도 자유고, 제가 변경하고 가는

---

25) 이건 한 번밖에 못 씁니다. : '조선'적 소유자라도 한국에 갈 경우, 처음 일 회에 한해서는 한국대사관에서도 비자를 발급해 줬지만 그 다음부터는 국적 변경을 하지 않는 한 발급해 주지 않았다.

26) 조선적 : '조선적' 소지자는 '북한' 사람이라고 생각하는 경우가 대부분이지만 실제로는 1965년까지 재일코리안은 모두 '조선적'이었다. 65년 한일조약이 비준됐을 당시 재일동포의 법적 지위협정의 국적 조항에서 '조선적'과 '한국 국적'이 분리됐다. 또한 '조선적'에 대해 일본의 입국관리국은 기호에 불과하다고 했으며, 재일의 경우 조선적이 북한 지역 출신자, 지지자라는 의미도 아니다. 분단 전 하나의 조선이었을 때를 상정한

것도 자유고, 그건 서로 관계가 있다는 것을 인정할 수 있는지 없는지의 문제라고 생각합니다.

양　저도 한국에서 같은 말을 들었습니다. 제 생각으로는 조선적이라 하더라도 자유롭게 왔다 갔다 할 수 있게 하는 게 가장 좋다고 생각합니다. 근데 왜 조선적이면 안 된다고 하는지 오히려 저는 그게 이해할 수 없습니다.

그래서 '통일, 통일'이라고 말하는데 "누구와 통일합니까?"라고 물었습니다. "통일이라는 것을 전제로 해서 생각하면, 조선적 소유자도 자유롭게 왔다 갔다 하게 하는 게 역시 통일에 한 발짝 더 가까이 다가가는 게 아닙니까?"라고 말을 했습니다. 그랬더니 "아, 그렇군요."라는 식으로 대답은 했지만 말입니다.

이　그 말 그대로입니다. 단지 그들에게는 불가능한 것일 뿐.

양　다시 갈 수 있을지는 모르겠지만, NHK는 앞으로 한국을 두 번 정도 더 취재해야 한다고 했습니다. 저는 갈 수 있을지 없을지 모르겠지만 말입니다. 그쪽 출판사 사람들은 "반드시 다시 오실 수 있도록 준비하겠습니다."라고 말했지만.

이　국적 운운하고 북인지 남인지 하는 게 그들에게는 중요한 일이 겠지만, 일본에서는 이제 의미 없어요. 재일의 경우 '정'씨라고 본명으로 할지 일본명으로 할지 하는 건 좀 있지만 말입니다.

최　그러니까 역시 봉우가 말하는 대로, 예를 들어 자기 안에 저항감이든가, 아버지 문제이든가 이런 게 좀 더 있거든요. 제 경우는 지

조선적으로 인식하는 사람도 있다.

금까지 한국에 갈 기회가 몇 번이가 있었는데, 아버지에게 한국에 간다고 한마디 했다가는 큰일이 나는 집안이긴 했지만, 그래서 그런 의미에서 굴레 같은 것이 있습니다. 하지만 이제 이런 상황도 바뀌고 있어서 짧은 시일 내에 큰 변화를 겪을 것 같습니다. 그래서 조선적이 좋다거나 나쁘다거나 하는 문제가 아닌 거죠.

양 그래서 저도 영사관에 말하기도 했지만, 제가 조선적이니까 북쪽을 지지한다거나 하는 문제가 아닙니다. 그런 사람도 있지만 제 경우는 그게 아닙니다. 저는 분명히 말해 김일성 체제를 비판하고요. 하지만 그렇다고 해서 한국 국적으로 바꿀 수는 없다고 했지요.

이 그쪽에서는 그걸 이해 못 하는 겁니다. 그런 논리가 이해가 안 되는 거죠.

최 그런 것 같습니다.

양 응, 그건 그렇다고 말은 했지만 영사관의 그 꼰대는 "흥!" 하고 웃더군요.

최 맞습니다. 외교 실무에 있는 사람들은 모두 알고 있다니까요. 특히 일본에 오는 외교관 놈들은 모두 일본어도 유창하고 머리가 좋은 놈들이 많으니까 그 정도는 실제로 알고 있습니다.

양 한국의 언론 매체[27]는 몰라요.

이 『동아일보』 같은 곳은 처음 기사가 났을 때 우리 영화에 대해 "총련과 민단[28]이 힘을 합쳐 만들었다."라고 보도했습니다. 그런

---

27) 한국에서의 보도 : 145쪽 참조.

28) 총련과 민단 : 조선총련(재일본조선총연합회)은 1955년 결성된 단체로 조선민주주의인민공화국의 국가 방침을 지지하는 재일의 대중단체이다. 조직 인원은 약 20만 명.

말은 한 번도 한 적 없고 그런 건 있을 수도 없는 일인데 기사로 났던 거죠.

이　처음부터 '어느 쪽'도 아니라고 말했는데도.

최　그건 역시 아직 한국 국내 상황이 우선하기 때문입니다. 아닌가? 예를 들어 머리가 좋은 한국 공무원들은 아마도 알고 있겠지만, 국민적 정서 문제가 있고, 거기에 그 국민적 정서를 뒤에서 부채질하는 언론이 있는 겁니다. 그런 부분은 언론이 좀 더 생동감 있게, 그리고 정확하게 써줬으면 좋겠습니다. 인터뷰했으면 적어도 우리 쪽에서 말한 것을 객관적으로 정확하게 받아들이지 않으면 곤란하죠.

이　아, 곤란하죠.

양　그러니까요. 언론도 그렇지만 그보다 한국 사회 전체가 가지고 있는 '대충주의'도 있습니다.

최　음, 그것도 대충 뒤집어서 상대에게는 정확한 것을 요구하고.

'주체사상'을 지도 방침으로 하여 유치원에서 대학까지 전국에 걸쳐 민족학교를 운영하고 있다. 결성 초기에는 재일의 과반수가 가입했지만 근래에는 가입 인원이 감소하고 있다. 한국 민단(재일본대한민국민단)은 1946년 결성된 단체로 조직 인원은 약 50만 명. 해방 후 남북 분단의 과정에서 한국을 지지하는 재일코리안을 중심으로 결성됐다. 자신들은 한국 국민으로 일본에서의 생활은 일시적이라는 인식을 바탕으로 '거류단'이라는 용어를 사용해 왔다. 그러나 세대교체가 이루어지고 일본에서 태어나 자란 2세, 3세가 중심이 되고 정주 경향이 일반화 되면서 94년 3월 '거류'의 두 글자를 삭제하고 명칭을 변경했다.

일본의 언론 매체는?

최 그럼 반대로 일본의 언론은 과연 어떤지 말해보면, "정확하고 객관적인가?" 근데 그건 아닙니다.

이 일본의 언론인이라 해도 '재일'이라고 하면 틀에 끼워 맞추려 하죠.

최 그러니까 우리는 양쪽에서 다 붕 떠 있는 겁니다.

이 그렇지요. "항상 실행력이 있고 파워 풀 하고, 김치 먹고, 술만 마시면 항상 논쟁하고, 재일은 힘이 세군요."라고 하는데 그렇지 않은 사람도 많이 있다니까요.

정 항상 느끼는데, "코리안 파워"라는 거 굉장한 선전 문구이지 않습니까? (웃음)

최 나도 그런 거 한번 만들어 볼까? (웃음)

이 그런 책도 많이 있어요. "코리안 파워"같은 책인데, 예로 들어 "번화가 우에노도, 신주쿠도, 이케부쿠로도 이제 한국, 조선인 파워가 압도하여 차지할 날도 머지않았다."라는 식으로 쓰여 있습니다. 바보 같은 발상이죠.

최 뭐, 그런 발상, 그게 소원인 놈들은 많겠지요. (웃음)

이 이런 것도 많습니다. '광수' 같은 놈. 북에 송금하는 이야기도, 700~800억 엔 정도 보낸다는데 말이죠.

양 그 정도가 아니라 최근 방송에서 본 건, 무려 2,000억 엔이나 된다는 이야기까지 나오고 있어요. (웃음) 어디에 그런 돈이 있는지? 조금만 생각해 봐도 알 텐데 말이죠.

최　그러니까 그런 식으로 부채질하고 싶어 하고, 좋은 기반으로 쉽게 되겠죠. 그건 과거에도 그랬고, 현재도 똑같습니다. 그것도 한국뿐만이 아니죠. 즉 구식민지가 주변국으로 흘러 들어간 사람을 정치적 도구로 쓰고, 상황에 맞게 이용하는 건 어느 나라나 마찬가지일 겁니다. 아마도.

양　다만 최근, 재일에 대한 태도라고 할까, 이해의 정도는 전과 비교하면 좋아진 것 같습니다.

이　한국의 태도가요?

양　일본도.

최　이런 놈들만 왔다 갔다 하면 그쪽에서는 우리 같은 괴짜들이 늘었다고 인식은 하겠네요.

특히 민족이라는 틀에 갇혀 창작활동을 하는 사람만 있는 게 아니라는 건 조금 보여주지 않았을까요?

이봉우, 한국에서 기뻤던 일이라고 하면

이　저도 한국에 친척이 있어요. 아버지 동생분이 있으십니다. 저희 아버지가 저를 조선학교에 보냈을 때 한국에 계신 친척 모두가 아니나 다를까 일제히 반대했다고 합니다. 왜 형님은 그런 짓을 했냐고. '4.3 사건[29]'때 저희 아버지는 제주도에서 도망쳤습니다. 원래

---

29) 4.3 사건 : 이승만의 단독정권 수립과 제주도에서 당시 남한에서의 임시정부의 경찰에 의한 민중탄압에 반발해 1948년 4월 3일, 이른바 제주도 봉기가 일어났다. 7년 여간의 투쟁으로 제주도민 30만 명 중 8만 명이 학살됐다.

공산당 지지자였는데 고향에 돌아가도 배신자입니다. 저희 아버지 때문에 돌아가신 분도 계시니까요. 저희 아버지도 그런 과거가 있어서 평생 고향에 돌아가지 않을 생각이었던 것 같습니다. 제가 한국에 가서 친척분 앞에서 한국어로 말하잖아요. '말하는' 것 하나만으로 다행이라고 말해요. 숙부님은 일본에서 아버지가 아이들을 한국인으로서 키워줘서 고맙게 생각한다고 말했습니다. 아버지 명예도 있고, 그게 저는 기뻤습니다.

최 그게 지금 미국에서 엄청나게 늘어난 한국계 미국인과는 약간 다르죠.

이 완전히 다르다고 생각합니다.

최 그게 말이죠. 같은 해외에 살아도 한국에서 보는 시각이 완전히 다릅니다. 그런 의미에서 과거 역사는 청산되지 않았습니다.

이 특히 일본과 한국은 가깝지만 골이 깊습니다. 서로 이해 못 하는 게 너무 많다고나 할까.

최 그런데도 한쪽에서는 말이죠. 경제 문제 같은 경우, 서로 삐걱대면서도 극동 아시아의 경제권에서는 공동보조[30]를 취하는 측면도 있는 게 사실이지 않습니까?

저는 어떠한 방법도 좋다고 생각합니다. 예를 들어 하나의 결과로서 《달은 어디에》가 그럴지도 모릅니다. 물론 그런 이유로 만든 영화는 아닙니다. 계속해서 말하지만.

---

30) 공동보조 : APEC(아시아 태평양 경제 협력체)에서의 대미 관계나 대러 경제지원, 중국 두만강 개발, 우루과이 라운드에서의 쌀 개방 반대, 북한 원자로의 경수로 전환 지원 등, 90년대에 들어 국제사회에서 공동보조를 취하는 것이 갑자기 많아졌다.

그러나 객관적으로 말하면 이런 영화도 하나의 계기가 될 수 있습니다. 또한 이번에 한국에서 출판된『택시 드라이버 일지』와 『택시 광조곡』은 양 작가가 그런 역할을 하려고 쓴 건 당연히 아니지만, 결과적으로 역시 서로의 이해를 촉진하는 역할도 했다고나 할까?

　　즉, 적어도, 일본에도 여러 조선인, 한국인이 있다는 걸 알리는 계기가 됐다고 할 수 있지 않습니까?

이　그래서 이런 문학이나, 특히 영화야말로 한국에서 상영되면 서로 알아가는 기회가 될 수 있을 겁니다. '문화 교류'라는….

최　말도 안 되는 소리! 그건 허풍에 불과합니다. 말도 안 돼요.

이　맞아요. 실제로는 '교류'라는 건 존재하지 않고 말도 안 되지만….

최　하긴, 그런 걸 말하기 전에 일반 사람들을 생각해 보세요. 서울에서 괜찮은 고층 주택이 엄청나게 늘고 있지 않습니까? 인구밀도가 높으니까 당연한 거지만, 대부분 건물에 접시형 안테나가 여기저기 달려 있습니다. 그래서 "도대체 저건 뭡니까?"라고 물었더니 "NHK BS, WOWOW를 수신하기 위한 겁니다."라고 말하는 겁니다. 인제 와서 일본문화 침략이 어쩌니저쩌니 해도 어쩔 도리가 없어요. 그래서 젊은 사람들 대상의 가게에 가면 역시 일본 노래가 나오고, 이미 사람들의 일상생활이나 가치관 안에 이미 자리 잡았습니다. 잡지 같은 걸 봐도 전부 그렇지 않습니까? 거의 다가 일본의 주간지 스타일에,『여성 자신』같은 것도 있고,『여성 세븐』도 있고, 그리고 약간 다른 종류의『미소』가 있고, 모두 다 나와 있잖아요! 가장 놀란 건『주간 TV 가이드』같은 건 편집 형식부터 일본과 완전히 똑같습니다.

양 얼마 전에도 문제가 됐었는데, TV 광고도 그렇습니다. 일본 광고와 완전히 똑같은 게 있어서 일본 쪽에서 크게 항의하고, 한국에서도 문제가 됐다는 것 같습니다. 너무할 정도로 베껴서.

이 그러니까 진정한 의미에서 '교류'가 있었다면 그렇게까지는 안 됐을 겁니다. '교류'가 아니라 '일방통행'이니까 그렇게 되는 게 아니겠습니까?

역시 어딘가 감정의 응어리가 남아 있으면서도 상대방의 것을 흡수하는 겁니다. 그런 단계도 지나야 하는 거지만, 지금 상황을 보면 이제는 그런 단계가 아닌 것 같습니다. 그런 단계에 머물러 있는 한은 뭐, 서로 긴장 관계만 불러일으키고, 급진적 상황을 만들어 매우 집단적 히스테리 상태로 빠지기 쉽게 될 겁니다. 그런 건 역시 저는 참을 수 없는 부분입니다.

양 뭐, 어쨌든 공식적으로는 일본 문화가 인정되지 않고 있으니까요. 영화든 소설이든 공식적으로는 금지되어 있으니까 말입니다. 다만 공식적인 부분을 이른 시일 안에 조금씩 없애지 않으면 안 됩니다. 이걸 없애지 않으면 서로 이해할 수 없으니까요. 이해할 수 없으면 차별을 낳는 온상으로 되는 법이니까요. 그래서 어떡하든 서로를 이해해 가는 형태를 취해야 합니다. 전후 50년이 지나 그사이, 벌써 3세대, 4세대로 바뀌기도 했고 말입니다. 젊은 세대는 그런 것과 상관없이, 좀 전에 말한 위성방송 같은 것을 통해 일본에 관한 다양한 정보 등을 접하고 있기도 하고, 또한 한국에는 일본적인 것이 잔뜩 있지요. 일본 가요 카세트테이프 같은 것도 뒷

골목에서 팔고 있습니다. 우린 대학로31)에서 샀지요. 카세트테이프를요. 테이프 표지는 태국어나 한국어로 적혀 있긴 했지만 속은 일본 노래였습니다. 일본어로 부르는 노래 말이에요.

최 이건 실은 누구도 막을 수 없는 게 아닐까요?

양 저도 그렇게 생각합니다.

최 아무리 강제력을 가져도 혹은 정치사상으로 지배해도 이것만은, 인간의 욕망은 막을 수 없는 거죠.

이 내버려 둬도 들고 들어오는 사람은 있는 법이니까요.

최 그건 당연한 겁니다.

내셔널 플래그와 영화

이 하지만 일본도 말입니다. 한국의 문화나 물건을 뭐든 그대로 받아들이지는 않아요.

예를 들어 영화 같은 건, 영화를 고르는 배급 회사나 비디오 회사가 한쪽으로 치우쳐 있어요. 만약에 인도 영화를 예로 들자면, 일본에 인도 영화가 들어와 있다고 해서 일본인이 인도에 대해 아느냐고 한다면 그건 아닙니다. 자주 소개되는 사트야지트 레이의 진지한 작품만으로는 인도에 사는 실제 민중의 가난한 삶이나 기쁨, 슬픔에 관해서는 별로 모릅니다.

---

31) 대학로 : 주말이 되면 젊은이들의 길거리 공연으로 붐빈다. 소극장이나 라이브 하우스 등도 많이 있고 현대 한국의 젊은이들 문화 현장의 최첨단을 달리는 장소이기도 하다.

또한 일본에 들어오는 한국 영화는 에로 영화가 많고, 비디오로 출시된 것 대부분이 그런 영화입니다. 그래서 그걸 보고 일본인이 한국의 문화나 영화에 대한 실정을 정말 안다고 할 수 있을까요?

실제로 한국의 일반 서민이 가장 많이 보는 청춘 영화나 연애 영화는 거의 들어오지 않습니다. 《서편제》 같은 영화가 일본에 전혀 안 들어오는 게 사실입니다.

한국인이 일반적으로 보는 영화가 일본에 들어오지 않는다는 의미에서 정말 피차일반이라고 생각합니다.

최 응, 그런 거죠. 예를 들어 전후 일본과 미국의 관계에서도 전혀 금지된 게 없었던 것도 아닙니다.

전후 일본의 식민지 시대 = 점령군 시대는 따로 두더라도, 일본과 미국의 관계가 잘 되는 것처럼 보여도, 그렇지 않은 부분도 아주 많이 있는 거잖아요. 아직 서로 모르는 면이 많고, 그래서 서로 여전히 커다란 환상을 가지고 있는 겁니다. 그리고 그런 건 앞으로도 쭉 이어질 겁니다.

다만 영화라는 게 신기하게도, 좀 전에 이 피디도 말했지만 '자유를 추구하는 영화'가 전체 영화 안에서 압도적으로 많습니다. 인간이 자유롭게 되기 위해 다양한 이야기를 만든다는 것이 대부분 영화의 기준이지 않습니까? 인간이 자유롭지 않게 되기 위한 영화는 거의 없으니까요. 그래서 그런 건 역시 방법이 없어요. 조금씩 내셔널 플래그라는 것을 무너뜨리는 수밖에 없겠지요. 아무래도, 이른바 '밀수입이라든가 국경을 넘는 것'에서부터 거리낌 없이 오갈 수 있게 될 거라 생각합니다.

또한 그런 희망을 갖지 않으면 안 됩니다. 그런 희망이 없는 한은 아무리 시간이 지나도, 우리가 일본에서 어떤 영화를 만들어도 모두 싹 발을 빼 버릴 게 될 겁니다. 이런 건 전 세계적인 흐름을 거스르는 것이 아닌지, 그래서 계속해서 이런 식으로 흘러갈 것 같은 기분이 들지만 말입니다.

양 그러니까 저도 그와 관련해 기자가 물을 때마다 "이 영화가 한국에서 상영되면 아마도 국경을 넘는 영화가 되지 않겠습니까?"라고 몇 번이고 강조했던 겁니다. "그렇게 되면 좋겠습니다."라고.

이 한국과 일본이 직접 영화를 주고받고 하지 않더라도, 예를 들어 《달은 어디에 떠 있는가》의 경우에도 하와이에서 한국인도 봤고, 일본인도 봤고, 이번에는 홍콩에서도 상영하는데, 여기저기서 이래저래 많이 보고 있습니다.

그러니까 그냥 내버려 둬도 아시아 등을 경유해서 한국에 들어가지 않겠습니까?

최 들어가겠지요. 내버려 두면 알아서 들어갑니다. 그사이 우리는 중요한 확인 절차를 밟지 않으면 안 되지만 말입니다. 해적판 비디오가 나돌아다닐 수도 있어서.

양 제 책도 그렇습니다. 출판사를 통해 정식으로 나오기 전에 해적판이 이미 나와 있었습니다. 출판사 사람에게서 한 권 받아보고 놀랐습니다.

최 딴 것도 아니고 우리 시나리오가 한국의 영화 잡지에 우리 허락도 없이 이미 번역돼서 실렸습니다. 깜짝 놀랐습니다.

이 아마도 한국에서 해적판 비디오가 나올지도 모르겠습니다. 그

러면 돈 달라고 해야죠. (웃음)

최 "우리 저작권료는 어떻게 해줄 거야?" 우리는 일반적인 합리성
은 가지고 있으니까요.

양 그것도 『동아일보』에 나왔었죠. 제 책의 해적판이 나와 있었어
요. 무려 제 서명까지도 실려 있었습니다. (웃음)

최 직필 사인이 기사에 들어가 있었다는 겁니까?

양 그렇습니다.

최 하하하.

양 정말 황당했습니다.

아시아발 아시아

이 그럼 이제 여러분의 결론을 들어볼까요?

최 저는 마지막으로 말해 두고 싶은 게 있습니다만, 나흘간의 짧은
여행이었지만 가장 감동했던 것은 영화 편집, 녹음, 음향 믹싱 현장
이나 현상소 몇 군데를 돌아봤는데, 무엇보다 내일이라도 당장 이
나라에서 일할 수 있겠다는 생각이 들었습니다.

즉 영화라는 것은 필름이라는 공통의 언어가 있는 한, 어디서도
일할 수 있어야 합니다. 당연히 어려운 점도 잔뜩 있을 거라고 각오
는 해야 하지만, 할 수 있겠다는 생각이 들어서 좋았습니다.

그리고 또 하나는, 다른 무엇보다 감동한 것이 임권택32) 감독의

---

32) 임권택 : 1936년, 전라남도 태생, 영화감독. 《두만강아 잘 있거라》(1962)로 감독
데뷔. 일관되게 한국사회의 정체성, 한국문화의 본질을 계속 그려왔다. 대표작으로《족

현장에 가서 '같은 공기를 같은 시간에 마셨다.'라는 겁니다. 임권택 감독과 대담도 나눴지만, 역시 현장에서 느낀 것은 두 사람 모두 도메스틱한 문제 – 저의 경우는 일본에서 영화를 찍고 있다는 측면에서, 임권택 감독은 한국에서 영화를 찍고 있는 측면에서 – 를 추구한다는 것입니다. 역시 우리 모두가 '아시아의 민중'이라는 생각을 했습니다.

지금 전세계에서, 전세계 영화계에서 매우 중요한 키워드 중 하나인 '아시아발 아시아'라는 큰 물결 속에 명실공히 임권택 감독도 있다는 걸 느꼈습니다.

그래서 대담을 나누면서 저는 임권택 감독의 영화에는 뭔가 아시아적인 피가 흐르는 것 같은 기분이 든다고 말했는데, 임 감독은 '인본주의'라고 말했습니다. 임 감독은 인간 본위의 사고방식, 인간 세상은 전쟁이 일어나기도 하고, 사랑이나 슬픔, 증오 혹은 혈통의 문제, 이런 것들이 전부 뒤섞여 혼재하지만, 그 안에서 인간이 살아가기 위한 하나의 사상으로서 인간 본위라는 것에 매우 열정을 쏟고 있었습니다. 진정한 영화감독과 함께한 하루였지만, 임 감독의 현장에 저는 하루 종일 서성대고 있긴 했지만, 역시 그게 저에게는 가장 큰 감동이었습니다.

저는 이게 이번 짧은 한국 여행에서의 하이라이트였습니다.

뭐, 대체로 영화쟁이들은 어디에 가도 역시 똑같더군요. 그게 말이죠, 농담도 그렇고 화내는 모양도, 일하는 태도도 별반 다를

보》(1978), 《길소뜸》(1985), 《장군의 아들》(1990) 등이 있다. 93년에 만든 《서편제》는 한국의 영화상을 휩쓸었고 해외의 영화상도 다수 수상했다.

게 없었습니다.

이걸로 정말 용기를 가졌습니다. 그래서 제가 만들고 싶은 영화를 언젠가 한국에서 제작할 수 있으면 좋겠다고 생각했습니다. 이 그러한 뜻을 한국 사람들에게 보여주는 것이 서로 이해가 빠르지 않을까요?

재일은 어떻게 만들어져 왔는가?

재일조선인 시인은 나 하나뿐이다

양　작가로서의 출발과 관련한 제 이야기를 하겠습니다.

저는 17, 18세부터 시를 쓰기 시작했습니다. 『진달래』라는 재오사카 시인단체가 있었는데, 그 모임을 주최했던 분이 김시종[33]이었습니다.

김시종은 당시 25, 26세였나? 그는 총련 간사이 지구의 청년문화부장을 하고 있었습니다. 그래서 이미 엘리트 부류에 들어가 있었던, 뭐 훌륭한 조직 지도자였습니다. 그와 동시에 그는 일본 공산당원 경험도 있었습니다. 뭐, 55년 노선 전환의 육전공[34]이라는 게 있었는데, 나중에 거기서 빠졌습니다.

한국전쟁도 끝난 직후라 세상이 어수선한 때였습니다. 그래서

---

33) 김시종 : 1929년 부산 태생, 시인. 제2차 세계대전 후 도일. 효고현립 미나토가와 고교에서 공립고등학교로서는 처음으로 조선어 정규과목 교사를 지냈다. 시집으로『지평선』, 『일본 풍토기』 등. 평론에는 『'재일'의 틈새에서』 등이 있다.

34) 육전협 : 일본 공산당 제6회 전국 협의회의 약칭. 코민테른(국제 공산당)의 '일국일당의 원칙'에 따라 일본 공산당 민족대책부의 중심인물들이 1955년의 육전협에서 재일의 운동도 겸하고 있던 '민족대책부'를 해산한다. 이후, 재일 운동조직은 새로운 전개를 맞이한다.

그는 재일의 젊은이들을 모아 히나로 집결시키는 일을 맡고 있었죠.

그런 때에 우연히 친구가 맹장염으로 이쿠노 진료소라는 조선인이 운영하는 지저분한 병원에 입원해서 병문안하러 갔습니다.

그런데 친구 옆 침대에 김시종이 있었던 겁니다. 그래서 친구가 '시인이야'라고 소개해 줬습니다.

저는 너무 깜짝 놀랐죠. 시인은 나 말고 있을 리가 없는데.

일동 하하하. (웃음)

양 재일에 시인 같은 게 있었나 하고.

최 뭐라고, 이… (웃음), 조센징! (웃음)

양 그래서 초장부터 김시종과 크게 논쟁을 했지요. 그쪽은 대단한 조직론을 끌고 들어오고, 저는 조직 같은 건 전혀 모르기도 하고, 아직 17, 18세이기도 했고.

최 지금 그런 전통을 이어받지 않았습니까? (웃음)

양 (웃음) 그리고 나서 저는 그 모임에 들어갔습니다. 얼마 지나지 않아서 김시종이 조직에 대해 매우 비판적인 시를 쓰기 시작했습니다. 처음에는 '오사카 총련'이라는 시를 썼습니다. "죽으면 모든 게 끝장이다."라고. 그래서 그 이후로 굉장한 비판을 받았죠. 그리고 우리들도 욕먹기 시작했고요.

이 그때 양 작가님은 조직 활동은 하고 있었습니까?

양 하지 않았지요.

최 아직 문예 활동만.

양 모임에 들어가고 얼마 안 됐을 즈음이라, 모임에 소속된 사람들의 절반은 조직 하부에서 일하고 있는 활동가였죠. 모두 끌려가서 비판받기 시작했습니다.

이　민족 반역자로?

양　예를 들어 수정주의, 분파활동, 민족 허무주의….

최　그건 당시 신일본문학과 일본 공산당이 결별하는 것과 관계된 겁니까?

양　의식적으로 그런 일들이 서로 겹쳤다고 하기보다도 그 당시의 좌익 조직이 가지고 있던 본질이었겠지요. 똑같은 현상이 오사카 총련에서도 일어났고….

최　지금 그걸 듣고 생각한 게, 결국 그 당시 우수한 소년은 모두 좌익이었다는 것이죠?

양　맞아요. 간단히 말하면 그런 겁니다. 그리고 당연히 그렇게 좌익이 되는 것이죠.

최　그런 시대였다.

양　일본이 패전하고, 그때까지 단단히 억눌려있던 좌익 사상, 사회주의자, 공산주의자, 여러 사람이 모두 전면으로 나왔으니까요. 그래서 당시 공산당은 세력이 매우 강했던 겁니다. 지지자가 많기도 했고요. 당연히 젊은이들도 좌익 사상에 눈을 떠나가는 거죠.
　　당시의 흐름으로는 모두가 좌익이었습니다. 우익은 목소리를 죽이고 있었고요.

최　즉, 평범한 청소년이 가지고 있던 정의감이라든가 휴머니즘이 모두 그냥 좌익으로 흡수되던 시대였다는 겁니까?

양　예.

최　재일은 다양한 가치관 안에서 이래저래 부대꼈을 가능성은 없었습니까?

양 당이나 기관지 같은 조직은 획일적인 면을 가지고 있어서 여러 오류가 생기게 마련이지만, 사상적으로 말하면 당시는 그렇게 잘못됐다고는 생각하지 않았습니다. 당시로써는 그게 옳았다고 저는 생각합니다. 문제는 무엇에서부터 꼬이기 시작하느냐입니다.

여러 요소가 있겠지만 우리가 견딜 수 없었던 건 '문학은 정치에 종속된다'라는 운동 강령이었습니다. 정치가 요구하는 것을 문학이 그에 응하지 않으면 안 된다는 겁니다. 그렇게 되면 문학은 자신이 쓰고 싶은 것은 쓸 수 없게 되니까요.

또 하나 우리 재일의 경우는 "조선어로 써라."라고, 이렇게 말하는 겁니다. 조선어로 쓰라고 해도 말도 모르고, 이해도 못 하는데….

이 그야 그렇죠. (웃음)

양 "공부해, 게으름뱅이야."라는 말을 듣기도 했습니다. "조선인은 조선어로 말하고 제대로 조선어로 작품을 쓰지 않으면 안 돼."라며, 그게 주체성이라며 말입니다.

최 제 생각으로는 그런 게 결국 스탈린이 주창한 "민족은 자립하고 나서야" 성립된다는 것이지 않습니까?

이 스탈린의 민족론[35]에서 온….

양 맞아요. 그래서 보고서 같은 거 쓸 때면 보고 베낍니다. 하지만 문학이라는 것을 근본적으로 따지자면, 그거야말로 그 나라, 땅, 공기, 산, 강의 색깔이든가 감정의 미묘한 부분을 전부 자신의 신체

---

35) 스탈린의 민족론 : 스탈린은 언어, 지역, 경제 관계, 문화의 공통성에 기반한 심리상태의 네 항목을 공유하는 집단을 민족이라고 정의했다.

일부로서 지니고 있지 않으면 말로서, 문학으로서 표현할 수 없는 것이죠. "그런 게 가능해?"라고 따지고 싶은 겁니다. 써봤자 어차피 제대로 된 게 나올 수 없다는 건 뻔하니까요. 그래서 당연 우리들은 거부했습니다.

이 양 작가님이 김시종 작가와 만난 것은 그러니까 몇 살 때라고 했죠?

양 17살.

최 이른바 혈기 왕성할 때군요.

이야기를 되돌리면 그쯤이라고 하면, 원작에서도 아버지에 관한 게 나오는데, 당시의 문학이라고 할까? 문예 중에는, 영화도 그렇지만, 뭐 압도적으로 문자가 사람들을 이끌고 지도했던 것 같은데요.

양 맞습니다.

최 그렇다고 한다면 전쟁 전, 전쟁 중 일본어로 문학 활동을 하고 있던 사람도 몇 명 있었는데, 그들에게서 영향을 받은 부분도 있습니까? 예를 들어 김사량[36]이라든가 한설야[37] 같은.

---

36) 김사량 : 1914년 평양 태생 소설가, 1933년에 일본으로 건너감. 『빛 속에서』(1939)는 아쿠타가와상 후보에 올랐다. 1942년에 귀국. 1950년 한국전쟁 때 종군 작가로 남하, 그 후 소식이 끊겼다. 작품에는 『토성랑』 등이 있다.

37) 한설야 : 1900년 함경남도 태생 작가. 1925년 조선 프롤레타리아 예술가 동맹 창건에 참여. 해방 후에는 북한에서 교육문화상 등을 역임하면서 작가 활동을 이어 나갔다.

조선인 문학이란

양 김사량의 작품이 반드시 사회주의 리얼리즘이라고 말할 수 있을지는 모르겠지만….

최 김사량은 경향소설.

양 인생 후반에는 북한에 돌아가 기록 문학이라든가 사회주의 리얼리즘 작품을 쓰기는 했지만, 그의 초기 작품은 그렇지는 않았습니다. 정말 좋아요.

정 『빛 속에서』라든가 정말 좋습니다. 자연주의에 오히려 가까워요.

최 『토성랑』 같은 것도.

양 자연주의에도 가깝고, 재일이 가지고 있는 끈기 같은 것도 있고, 애환도 있습니다. 그래서 김사량이 재일에 끼친 영향은 매우 컸다고 생각합니다. 저도 읽고 감동했습니다. 당시에 「김사량 사론」이라는 40쪽 정도의 짧은 논문을 썼을 정도로 감동했지요.

최 그중에서 김학영38) 같은 사람은 세대로 보면 어떻습니까?

양 저와 같은 세대이지 않나요?

최 그는 조직에서 처음부터 배제됐었죠. 비교적 순수 문학 쪽에 가깝고 그쪽에서만 활동하다가 죽었지요.

이 일찍부터 조직에서 제외되어 그 상태로 세상을 떠났군요.

양 그랬을지도 모릅니다.

---

38) 김학영 : 1938년 군마현 태생. 1966년 『얼어붙은 입』으로 문예상 수상. 이후 '말더듬이', '조선', '부친'이라는 세 개의 요소를 바탕으로 어려운 상황 속에서도 독자적인 작품 세계를 꾸준히 이어 나갔다. 주요 작품으로 『착미』, 『돌길』, 『흙의 슬픔』 등이 있다. 1985년에 자살로 생을 마감했다.

최　반대로 말하면 정치를 너무 몰랐습니다. 그런 측면이 역으로 그의 발목을 잡았다고 할까, 나중에 그게 약점이 된 겁니다. 즉 나중에 자기 자신에게 찾아온 정치의 계절 때문에 자신과의 그 상극을 뛰어넘지 못한 겁니다.

양　정치적 역학에 짓눌린 것이죠.

최　이야기를 조금 되돌아가면, 우리 집에도 허남기[39]의 『화승총의 노래』가 있었고, 재일의 어느 집에 가보아도 김달수[40]의 『후예의 거리』와 함께 한두 권은 꼭 있었지요.

이　당시에 그걸 읽었습니까?

최　물론이죠. 손에 꼭 쥐고 읽어 보았는데, 그 당시 소년이었던 우리에게는 우리 자신들이 그렸던 희망적인 세계와 너무도 동떨어져 있던 작품이었습니다.

　　하지만 이런 걸 이해하지 않으면 안 된다고 말하던 시대에 소년기를 보냈으니까, 그런 부분에서 리얼리티로 받아들이는 방법이 약간 다른 겁니다.

양　아니, 다르다고 하기보다 실은 당시, 즉, 제가 고등학생 때에는 허남기 붐이 있었습니다. 재일 안에서는 물론이고, 일본의 좌익에

---

39) 허남기 : 1918년 경상남도 태생 시인. 1939년에 일본으로 건너간 후 기록영화 현장에서 일했다. 대표작으로 『조선의 겨울 이야기』(1949), 『일본시사시집』(1950), 『화승총의 노래』(1951), 『거제도』(1952) 등이 있다.

40) 김달수 : 1919년 경상남도 태생, 소설가. 10세에 일본으로 건너가 일본대학 예술과를 졸업. 조선의 경성일보 기자 등을 지내고 전쟁 후 『민주조선』 편집자로 일했다. 1949년 『후예의 거리』를 발표하면서 이후 작가로서 활동을 이어 나갔다. 1954년에 『현해탄』에서는 해방 전 조선 지식인의 민족적 자각을 그리고 일본의 비인간적 식민지 통치를 예리하게 짚어냈다. 『김달수 소설 전집』 전 7권 및 저서가 다수 있다.

서도 신과 같은….

최 스타였지요.

양 맞아요. 스타였습니다. 한국전쟁 전후로 해서 『화승총의 노래』,
『거제도』, 『조선의 겨울 이야기』라는 시집이 매우 인기 있었습니다.

하지만 저는 19살에 허남기에 대한 비판의 글을 썼습니다. '방법
이전의 서정'이라는 50장 정도의 논문입니다. 『진달래』가 25호로
망하고 난 뒤 나왔던 『가리온』이라는 동인지에 발표했습니다.

그 후, 저와 김시종과 정인, 이렇게 세 사람이 동인지를 만들고,
그때 처음으로 기존의 재일조선인 문학의 방법론과 완전히 결별하
고, 새롭게 우리들의 시를 쓰겠다고 마음먹었습니다.

이 그 후 남시우[41]라는 사람이 나타났다.

양 네. 그 사람도 그 당시는 아직 학교와는 멀었었는데, 저에게 학
교에서 가르칠 생각이 없냐고 제안하기도 했습니다.

최 큰일 날 뻔했군요. (웃음)

이 남시우의 제안으로 양 작가님이 선생님이 됐다면 지금쯤 숙청
됐을 겁니다. (웃음)

최 아니, 모르는 거죠. 만약에 그 길로 갔다면 위대한 애국자가 돼
서 지금쯤 채찍을 휘두르고 있을지도. (웃음)

---

41) 남시우 : 조선 총련 부의장 등을 지냈으며, 조선대학의 학장을 역임했다.

재일 문학예술의 지금까지 과정은?

이 양 작가님이나 다른 분들에게도 묻고 싶은데, 『삼천리』[42]라든 가 『민도』[43]와 같은 잡지에 대해서는 어떻게 생각하십니까?

양 『삼천리』와 관련해서, 저는 그때 방랑하던 시기였기에 손댄 적은 없고…. 뭐, 그래도 열심히 했다고 생각합니다. 근데 문예 잡지가 아니라 근현대사를 중심으로 했고, 역사, 사회를 중심으로 한 잡지였지요.

최 저는 딱 그 사이 세대였습니다. 65년에 조선고교, 민족학교에 편입해 들어갔습니다.

그런데, 역시 재일 문학이라는 게 제가 봤을 때는, 도무지 말이 안 통하는 사회주의 리얼리즘 신봉자와 그렇지 않은 김학영의 『얼어붙은 입』 같은 작품, 이 두 종류로 나뉘는데, 역시 흐리터분한 소설이든가, 아니면 매우 내향적이든가, 이 둘 중 하나입니다. 그래서 후자에 관해서 말하면, 과연 재일한국·조선인은 미리부터 내향적이어야만 하는 것인지 의문이 드는데, 내향적인 것이 당연하다는 듯한 문학, 그런 겁니다. 그래서 읽어봐도 슬프기만 할 뿐이죠. 작품 속 세계와 동떨어져 있는 내가 있고, 뭔가 팍 하고 오는 게 없다고나 할까?

---

42) 『삼천리』 : 1975년에 '김지하' 특집을 엮은 창간호가 간행되어 12년간 발행된 계간지. 남북으로 나눌 수 없는 재일조선인의 처지에서 역사, 문학, 미술, 정치, 사회사상 등의 열린 논의를 일본인도 포함해 이끌었다.

43) 『민도』 : 계간 재일 문예지. 이회성, 이승옥 등 당시 40~50세의 재일코리안이 편집을 했다. 87년 11월에 창간하여 90년 3월에 제1기 종간호(통권 10호)를 마지막으로 폐간했다.

그래서 소설이라는 것이 나에게는 무엇인가라는 질문과 함께 깨달은 것은 "여자를 좋아하게 되는 것이 개인의 내면에서 너무도 큰일이구나."라는 것이었죠.

저는 타인과 마주할 때 저 자신의 정체성 = 귀속성이라는 것을 노출할지 말지를 형이상학적으로 쓰는 것이 소설이라고 이해하기로 했습니다.

하지만 이 내향성이라는 것이 겹겹이 쌓여 나가면 나갈수록 나중에 남는 건 죽음의 심연뿐입니다. 결국, 거기에 다다르고 말죠.

그래서 고등학생인 제가 생각했던 건 왠지 꺼림칙하고 짜증 난다는 거였습니다. 이게 재일 문학에 대해 제가 처음으로 받았던 솔직한 심정입니다.

이　당시의 최 감독님에게 리얼리티라는 건 무엇이었습니까?

최　그러니까 당시에 우리가 놓인 상황이라는 게 "기운 내지 않으면 살아갈 수 없다."라는, 그런 빌어먹을 리얼리즘이 매일매일 이어졌습니다. 이건 봉우와도 다르고, 의신이와도 다릅니다. 물론 양 작가 세대는 일본의 전후 과정을 싫든 좋든 잊지 못합니다. 그렇게 신체에 새겨져 있는 세대와도 약간 다르다고 생각합니다.

이　그렇다고 한다면? 좀 더 구체적으로 말씀해 주세요.

최　즉, 단카이 세대는 현재 여기에 저 혼자 밖에 없다는 겁니다. 전후 과정의 끝자락 어딘가에 매달려 있으면서, 당시 『새로운 세대』라는 엉터리 잡지도 있었지만, 뭔가 그것이야말로 새롭다는 듯이, 그런 가치관이 새겨지는 방식을 관념상으로는 몰랐지만 역시 '새로운 세대'라는 기분이 명확하게 들었죠. 그게 우리가 고등학교 시절

자연스럽게 발견한 귀속성이었습니다.

조직과 문학예술

이 '조직과 문학예술'에 관해 이야기하고 싶습니다.

최 그와 관련해서는 어떻게 해서든 한쪽으로 전부 수렴해 버리는 정치의 차원에서 말하는 방법과 그것과는 따로 떼어놓고 문예란 별개의 것이라고 말하는 방법이 있습니다.

이 뭐 지금까지 이야기를 들으면서 흥미롭게 느낀 것은, 명확한 형태는 취하지 않아도 조직을 떠나 심정적으로 거리를 두기 시작한 사람들의 동기나 이유가 뭐든지 간에 비슷하다는 겁니다.

최 그때는 운동권을 중도파가 없이 오른쪽이냐, 왼쪽이냐로 단순히 나누던 시대이기도 했는데, 즉 정치 그 자체가 일상생활에 강한 영향을 끼치던 시대였다고 해도 될까요?

양 그야 물론이죠.

최 일상생활 전반에 영향력이 미치고 있었다.

양 1세들도 모두 믿고 있었기도 했고, 70년대 초반까지는 김일성이 나름대로 유망한 인물이라고 모두 생각하고 있었습니다.

이 그렇군요. 정 작가도 그와 관련된 걸 들어봤습니까?

정 저는 '조직과 문예' 같은 것과 전혀 관계가 없습니다.

최 많지 않았나요? 아버지도?

정 우리 집은 고철상이었으니 관계없었죠.

양 그래도 아버지는 총련에 열심히 참여했을 텐데요.

최 그렇지 않습니까?

정 참여는 했지만…. 열심히는 아닌데.

최 근데 이건 역시 양 작가에게 아파치 시대[44]와 관련해서 물어보고 싶은 건데, 50년에 한국전쟁이 발발하지 않습니까? 그런데 한국전쟁 특수가 일본의 정치, 경제에 커다란 영향을 미치잖아요. 이웃 국가의 전쟁이 일본에 상당히 큰 영향을 미쳤습니다.

그때 재일도 전쟁 덕분에 제법 생활이 폈지요? 예를 들어 고철상 같은 곳이 특히.

이 분명 그런 측면이 있습니다. 정 작가 아버지는 그런 얘기하신 적 없습니까?

정 그 시절 이야기는 하지 않으십니다.

최 즉 제가 말하고 싶은 것은 한쪽은 '전쟁 반대'라고 부르짖고, 다른 한쪽은 '조국 해방'이라고 하면서.

정 근데 김병식에 관한 이야기는 아버지가 하셨습니다.

하지만 김병식 사건[45] 같은 걸 이야기하는데, 저는 사실 어렸을 적이라 당연히 구체적으로는 이해 못 했습니다. 그게 뭐냐는 식으로 들었죠. (웃음)

그래서 문학 이야기와 관련해 이야기하면 제 세대에는 고등학

---

44) 아파치 시대 : 1950년대 오사카 성 인근의 재일조선인 집단 거주지를 아파치 마을이라고 불렀다. 인근 폐허가 된 군수공장에서 고철을 훔쳐 생계를 유지했던 재일조선인을 아파치족으로 비하하여 부른 것에서 유래했다. 재일 소설가 양석일의 『밤을 걸고』가 아파치 마을을 배경으로 한다.

45) 김병식 사건 : 총련 부의장이었던 김병식이 갑자기 북한에 소환된 사건. 이후 조선노동당 간부를 지냈다.

교 때 고사명46) 붐이 있었습니다.

최 아, 그래요? 제가 말한 내향의 연장이군요.

이 고사명은 그때가 한창때이지 않았습니까?

정 맞습니다. 당시 아들이 세상을 뜨고 『나는 12세』라는 책이 나왔
잖아요. 그리고 바로 그림책도 나오고, 가난한 시절 함석지붕 아래
의 생활을 하고 있다는 내용의⋯. 또한 김학영의 작품이라든가, 김
석범47)의 『제사 없는 축제』 같은 것도 읽었었는데, 고등학생으로
서는 역시 와닿지 않는 부분이 제법 있었습니다.

이 정치의 계절을 모르면 내향적으로도 와닿지 않는 것 같습니다.
어쩔 수 없죠.

최 뭐, 이야기가 앞뒤 뒤바뀌긴 했지만, 전쟁 이후 상황이 변하면
서 재일도 좀 풍족해지는데, 지금이 그 과정이라고 생각합니다. 재
일은 한국전쟁 시기에 커다란 모순을 안고 있지 않았습니까? 뭔가
숭고한 정치 구호라고 한들, 우도 좌도 서로 자기들의 말이 숭고한
구호라며 내걸었으니까요. 양쪽 모두 "전쟁에서 이겨라!", "성전이
다."라고 말하지 않았습니까? 그러니까 재일은 그때 한창 정치의
계절을 보내고 있었던 겁니다. 일본이라는 나라에 살면서 뭐, 그런
입장에 내몰릴 수밖에 없었던 게 아닙니까?
그런데 동시에 그건 경제력도 높아지는 과정이기도 했습니다.

---

46) 고사명 : 1932년 고치현 태생, 소설가. 작품에는 『밤이 세월의 발길을 어둡게 할
때』(1971), 『저쪽에서 빛을 찾아』(1973) 등이 있다.
47) 김석범 : 1925년 오사카 태생, 소설가. 조선학교 고등부 교사. 조선신보 기자를
지낸 뒤 저작 활동을 시작했다. 대표작에는 『까마귀의 죽음』(1967), 『왕생이문』(1979),
『화산도 1~7』(1967~1997) 등이 있다.

그 모순이라는 게 도대체 사람들에게 이떤 영향을 미쳤던 걸까요? 이걸 아까부터 양 작가와 정 작가에게 계속해서 묻고 있는 것입니다.

양 그러니까 말입니다. 일본이 고도 경제성장기에 접어드는 것이 60년대이지 않습니까?

최 아니, 저는 한국전쟁 때 이야기를 묻는 겁니다.

양 그렇다는 건?

최 그러니까 한국전쟁 특수 안에서 고철상이라든가, 당시 흐름에 편승해서 시작한 오락 시설 사업, 소액 사금융, 건설 이런 쪽 사람들은 무슨 생각을 하고 있었냐는 겁니다.

양 한국전쟁 때 미국이 일본에 막대한 돈을 뿌렸었죠. 그 당시 일본의 국가 예산을 훨씬 넘어섰다고도 하는데, 그로 인한 혜택이 사회 구석구석까지 미쳤습니다. 당연히 재일조선인도 그 혜택을 입었고, 돈도 어느 정도 벌었던 건 분명합니다.

하지만 저는 돈을 버는 것과 총련이나 총련과 같은 정치조직을 지지하는 것은 별개라고 생각합니다.

한편으로는 한반도가 전쟁터가 되어, 당하고 있었다는 생각이 있거든요.

하지만 그중에는, 『족보의 끝』에서도 쓰긴 했지만, 미쓰이 중공의 하청으로 일하는 재일도 있었고, 돈을 엄청나게 번 사람들도 있었습니다. 뭐, 포탄도 만들었으니까요. 그래서 화가 난 재일들이 오사카 이쿠노 부근에서 습격 사건을 일으키기도 했던 겁니다. 그런 상황도 있긴 있었죠.

최 냉전 구조 안에서 재일이 풍족해졌다는 말인 거죠? 경제적 기반이 마련됐다는 의미 같은데 말입니다.

양 한국전쟁에서 기인한 것은 틀림없는 거죠.

이 일본에서 살고 있었으니까 당연했겠죠. 전체적으로 풍족해졌으니까요.

양 어떤 형태로든 파급효과가 생겼고 최저 수준에서부터 전체적으로 향상됐던 겁니다.

최 하지만 역시 본격적으로 좌파가 붕괴하기 시작한 것은 고도경제성장기에 들어서면서부터입니다. 사람이 물건을 만들고 영리해지면 좌파는 와해됩니다.

양 고도경제성장이 이루어지고 사람들이 풍족해지는 과정에서 좌파가 못 따라가게 된 겁니다.

최 저 같은 경우, 어렸을 때 매우 신기하다고 생각한 게 그겁니다.

간단히 말하면 숭고한 정치 구호나 누구나 납득할 수 있는 구호가 몇 개나 있는데, 조국 통일이라는 말뿐인 구호도 포함해서 말이죠. 그런 걸 듣고 있으면 분명 돈으로 해결될 것 같은 부분이 있었습니다. 근데 우파도 좌파도 지금도 여전히 '조국 통일'이라고 말하고 있는 겁니다.

하지만 이제 실제로는 현실적으로 무거운 짐이 됐잖아요? 실은 부담스러운 게 아닐까? 이런 걸 생활 기반이 이미 마련됐고 고도경제성장이 한창이었을 때에 고등학생이었던 제가 느낀 건데, 다르다는 거죠.

민족학교에서 수업 시간에 배우는 것과 외부 세계, 즉 교문에서 한 걸음 나가면 그곳은 일본 사회니까 다른 겁니다.

아주 깊게 '순수배양(민족교육)'된 우리 쪽으로 일본 사회가 다가오는 겁니다. 다른 한쪽인 학교 안으로 돌아가면 '순수배양' 하자, 하자면서 모순이 극치에 다다르는 겁니다.

이　도대체 뭐지? 어디가 진짜야? 라는 식으로.

최　그러니까 그 부분에서 남자아이든 여자아이든 교묘하게 이중성을 가지고 살아가는 측면이 생기는 것 같습니다. 사람은 이중성을 지니고 살아가는 것이 가능하다고. 당시, 재일 전체까지는 아니지만, 그런 식으로도 인간은 살아갈 수 있다는 걸 느낀 시대, 세대로 말하면 60년대 후반, 특히 65년 이후의 경향이었습니다.

이　학교에 관한 이야기를 구체적으로 좀 더 해주세요.

최　민족학교 안에서도 점점 계층화되는 게 보이기 시작했습니다. 부자와 가난한 자가 나뉘기 시작한 시대였던 거죠. 또한 패거리도 등장하기 시작했습니다.

이건 학교에 들어가자마자 분명히 보였습니다. 극단적으로 말해서 당시에 이미 벤츠를 타고 학교에 다니는 재일의 부잣집 공주님이 있었습니다.

다른 한쪽은 귀한 장학금을 살림에 보태는 녀석들도 몇몇 있었습니다.

우리 세대가 딱 그런 시대에 들어섰던 거죠. 양 작가와는 10년 정도 차이가 나는 것이긴 하지만.

양　조선학교에서 순수배양되는 현실이 있고, 그런데 학교에서 한 발짝 나가면 전부 일본. 하지만 아무리 순수배양하려고 해도 밖에 나가면 텔레비전도 보고, 음악도 듣고, 만화도 읽고, 영화도 보고 여러 가지 영향을 받게 되어 있죠. 이건 물론 재일의 아이들뿐만 아니라 일본인도 똑같지만, 학교에서 배우는 것보다도 학교 밖에서 마주치는 현실에서 더 많은 영향을 받습니다.

그래서 저의 『밤의 강을 건너라』는 그런 연장선에 있습니다.

이 어떤 뜻입니까?

양 즉, 민족학교를 졸업하고 난 뒤, 재일 청년이 어떻게 살아가는가 하는 문제인 겁니다. 순수배양된 부분을 일본의 현실 안에서 유지해 나갈 수 있을까 하는 것이죠.

제 소설의 대전제는 항상 현실을 '살아간다'라는 것입니다. 그걸 빼고는 사상이라든가, 여러 가지 것을 말한다 한들 어차피 별로 의미가 없습니다.

최 그야 그렇습니다. '살아간다'라는 것이 대전제인 것은 틀림없습니다.

약간 시대가 지나 우도 좌도 아닌 녀석이 나오다

이 그렇게 시대가 흘러갔는데.

최 조선고교의 같은 세대에서 말하자면, 이런 녀석들처럼은 절대로 되면 안 되겠다고 생각한 전형이 있는데, 그게 윤융도입니다. 영화 《교사형》에서 주인공 R을 맡았던 사람인데, 무슨 일인지 민족 반역자로 비난의 대상이 된 사람이 몇 명인가 있었습니다.

그 즈음인 것 같은데, 이른바 중도파라고 하나요? 즉 본국의 정치적 영향이라고 생각되는데, 북한, 한국의 강제력이 있던 시대였고, 윤용도는 저랑 비슷한 나이로, 그런 녀석들도 정치 활동을 하던 시대로, 그들은 요컨대 총련, 민단 어느 쪽도 아니었습니다. 새로운 정치사상을 가지고 있었죠. 그쪽도 '조국 통일'이라고 외치고는 있었지만, 총련 쪽에서는 그게 '민단 쪽 별동대'라고 말하고, 민단 쪽은 '혁명파'라고 말했습니다.

그런 다른 생각을 가진 소수파가 등장하기 시작했습니다. 그런 재일들이 활동하던 시대였지 않습니까?

양 뭐 그건 정말로 소수파였지요. 70년대 중반쯤 되면 제법 여러 분파가 나오긴 하지만….

이 분명히 말해 '그 시대'가 끝난 게 72년이라고 생각합니다. 김일성 주석의 60세 생일을 정점으로 해서 그런 성대한 축제는 도대체 뭐였는지 하는 의문과 함께 말이죠.

그 정점까지는 아무도 별로 의심하지 않았잖아요? 의심할 수 있던 사람이 극소수에 불과했지만, 그것을 경계로 해서 모두가 다 새롭게 검증하기 시작했습니다.

영화계에서도 75, 6년부터 김일성 비판이 나왔고, 총련에 반대하거나 제3세력 등이 등장하기 시작했습니다.

최 실제로 저의 소년기, 청소년기까지는 아직 빨갱이라는 말을 쓰고 있었습니다.

세상을 두 개로 나눠서 서로 살아남으려고 하는 분위기가 있었습니다. 그런 시대였죠. 딱 그 틈새에 있었던 우리 세대가 '틀렸다'라고 이의 제기를 했던 겁니다.

그런 평범한 학창 시절을 보내고 있던 소년 최양일은 '틀렸어'라고 생각하고 『얼어붙은 입』을 읽었고, 『얼어붙은 입』을 읽는다는 것은 동시에 다른 것도 읽기 시작했다는 뜻입니다. 대부분이 일본 소설이었고, 일본어로 번역된 외국 소설 등으로 점점 넓혀 갔습니다.

소설이면 소설, 영화라면 영화가 각기 가지고 있는 고유의 넓이를 접해 가는 과정이었던 겁니다.

그쪽이 거짓투성이 현실에서보다 훨씬 희망을 품을 수 있었고, 그런 감성은 나 혼자만 아니라 분명 세대적으로 공유하는 감성이었습니다.

이 거짓투성이 현실이라고 하면….

최 그러니까 생각해 보면 그 당시 학교 안에는 완전히 관료기구의 앞잡이가 된 청년 조직이 있었고, 조직 안에서 우수하면 할수록 우쭐대는 녀석들이 있었습니다. 그리고 정말로 우수한 정치 소년은 역시 북한으로 돌아가 버리던가, 학교를 나가버리는 수밖에 없었습니다.

꿈이 무너져서 말이죠. 이런 상황에서 반대로 맹목적으로 활동하는 건 바보인 거죠.

그래서 그런 것도 뛰어넘어, 실은 내가 틀린 게 아닐까 반성하며 더욱 공부해야 한다는 등 순진한 이야기를 하는 녀석은 북으로 가 버리는 겁니다. 혹은 보내지거나, 그런 시대였습니다.

그리고 그 즈음해서 이미 조직 안에 정치적 동요가 있었던 것 같습니다. 하지만 당시 고등학생이던 우리는 사건이나, 이름에 대해서는 구체적으로는 알 길이 없었고, 전해 들을 수도 없었습니다.

이　그렇군요.

최　그런데 똑같은 입장에서 말하면 역시 돈은 벌어야 하고, 가족의 생계도 이어 나가야 하는 부분이 있었습니다.

그게 냉전 구도 안에서 항상 왔다 갔다 하면서 최저 수준을 끌어올리고, 경제적 기반까지도 형성되기 시작했습니다.

그런 와중에 실제로는 국가라든가 정치 등에서 떨어져 나간 재일들이 제법 건실해지기 시작한 듯한 기분이 계속 들었습니다.

그래서 어떤 때는 인질, 어떤 때는 해외 공민, 또 어떤 때는 수금 기계로 취급되던 것에서 지금은 좀 멀어질 수 있었던 게 아닌가 생각합니다.

그래도 그 당시 제 지론은 '일본 안의 제3세계'라는 식으로 말했던 것 같습니다. 제3세계를 구축하지 않으면 안 된다. 그렇게 만들지 않으면 안 된다며 제법 진지하고 공격적이었던 시기가 있었죠. "민단, 총련 타령하고 있을 때가 아니잖아!"라면서. 뭐, 정말로 '조국 통일'에 관심 없던 때가 있었습니다. 분명히 말해 통일해서 뭐 해? 그럼 우리는 돌아가는 건가? '돌아간다'라는 말은 팍하고 오는 게 없어요. 그럼 '간다?', '간다'라고 하는 것도 아니죠. 도대체 뭘까요? 그러기 때문에 고유한 문화, 정치, 경제도 포함해서 뭔가 추상적인 것을 만들어 내지 않으면 안 된다고, 이런 걸 열심히 양 작가에게 말했던 것 같습니다.

양　뭐, 저는 잊어버렸지만. (웃음)

최　아니, 취해 있었죠. (웃음)

그러니까 그런 정서가 봉우나 의신이에게는 없는 것 같습니다.

지금의 저는 물론 다르지만, 다만 그때 그렇게 싹텄던 것이 《달은 어디에》에 짙게 깔려 있다고 생각합니다.

즉 한 명의 인간으로서 살아가기 위해 노력한다는 것이 반드시 타인을 말려들게 하기도 하고, 내치기도 하는데, 그런 상태 자체가 이상한 것 같습니다.

그래서 저보다 한 10년 정도 젊은 봉우가, 소위 정치적 역학이라든가, 일본에서의 재일의 위치 같은 것을 분명 좀 더 객관적으로 포착할 수 있지요.

그리고 제가 고등학교를 나와 신기하게도 제법 이른 시기에 영화라는 세계에 들어갔는데, 그것도 그 한 가지 이유인 것 같습니다.

그러니까 대략적으로 말하면 나에게서 정치의 계절이라는 건 고등학교를 나온 뒤였는데도, 하지만 고등학교에서 싹이 트고 자라난 것, 결국 정치가 다다른 곳이 바로 '여기'라는 겁니다. 즉, 인간이라는 확고한 존재를 부정하면서 교묘하게 조정하려는 것이 정치라고 말하는 겁니다.

왜 제가 거기에서 자꾸만 멀어져 가는지 말하면, 생활에서 오는 실제 감각이라고 할까? 눈앞의 현실에서 배우는 것이 분명히 있기 때문입니다. 단 재일 70만 안에는 제각각 70만의 사상이 있다고 생각하지만, 정치의 계절이 의외로 그런 각각의 사상을 나름대로 형성해 가는, 결과적으로 보면 본바탕이 된 게 아니었나 생각합니다.

양　즉 '주의(主義)'의 여하에 상관없이 권력을 가지고 있는 구조적

역학은 공통된 게 아닌가 생각합니다.

소련, 동유럽의 사회주의가 붕괴하기 시작하면서 뚜껑을 열어 보니 역시 똑같았습니다. 여러 가지 주의에 관한 논쟁은 어느 시대, 어디에서도 있었습니다. 하지만 권력 구조라는 것은 그 위에 있는 것이어서, 권력 구조가 가지는 역학은 어느 쪽이든 간에 결국 같은 겁니다. 정치라는 것은 비인간적인 부분을 분명 가지고 있습니다. 그러나 인간이라는 것은 실제 삶 속에서 살아간다는 대전제가 있기 때문에, 살기 위해 꿋꿋이 버티며 살아나가는 것만이 권력 구조를 넘어설 수 있는 겁니다. 그걸 뛰어넘어 극복할 수 있는 에너지가 되는 겁니다.

모국주의는 위험한 것인가?

최 내향적인 문학으로 돌아가면 또 한 명 중요한 인물로 이양지[48]가 있습니다. 아쿠타가와상을 수상한 작가. 그녀의 아우성이 있지 않습니까?

그녀가 일본에 돌아왔을 때는 조금 느낌이 달라진 것 같았지만, 일본에서 자신이 껴안고 있던 내향적인 면에 무겁게 짓눌렸던 것

---

48) 이양지 : 본명 다나카 요시에. 1955년 야마나시 태생. 소설가. 와세다대학 중퇴. 『유희』로 1989년 제100회 아쿠타가와상 수상. 대표작으로 『나비 타령』(1989), 『해녀』 (1983), 『각』(1984)이 있다. 일본에서뿐만 아니라 조국이라고 생각한 한국에서조차도 외지인 의식으로부터 자유로울 수 없었던 젊은 재일조선인 2세의 이중의 소외감을 그렸다. 1988년 서울대학 졸업 후 이화여대 무용학과 대학원 입학. 1992년 일본 귀국 후 타계.

같습니다. 그래서 더 이상 견딜 수 없게 된 자신의 존재가 모국(한국)으로 돌아가는 것으로 회귀할 수 있다고. 즉 그렇게 자신의 원점을 찾을 수 있을 거라는 생각이 분명 있었겠지요. 저는 그런 게 전혀 없어요. 그녀는 저보다 젊은 세대인데.

양 그녀의 경우에는 또 다른 사정이 하나 있었지요. 그녀는 귀화했었습니다. 그래서 그녀의 내면에서 그게 항상 갈등하고 있었던 겁니다. 생전에 저는 이양지를 잘 알고 있었는데, 자신의 의지와는 관계없이 아버지가 해버린 겁니다. 그래도 자기 자신은 어쨌든 돌아가고 싶다는 생각이 있었던 것이죠. 요컨대 한국·조선인으로. 그 생각이 굉장히 강했던 겁니다.

최 관념을 가지는 건 인간의 자유라고 생각하지만, 다만 동시에 그것이 그녀를 소설이 아니라 무용으로 치닫게 했다고 생각합니다.

고전주의로 치닫게 했다. 다만 그걸로 인해 정말로 한 명의 인간으로서 존재하고 무언가 알게 될까 하는 부분이 의문인 겁니다. 세상을 떠난 사람에 대해 말해 죄송스럽지만, 뉴 커머 식으로 말하면 "그럼 얼른 한국인과 결혼해 버렸으면 좋았을 텐데."라고 생각할 수도 있는 겁니다. 시대적으로 봐도 그런 생각을 가져도 이상하지 않았을 텐데. 저보다도 한 10년 정도 아래 세대에서, 그들의 선배들이 열심히 찾아 헤매며 자신들의 삶의 방식, 사고방식을 나름 쌓아 놓았고, 다양화되는 시대 상황이었는데도 순수배양 돼 버린 사람이 에어 포켓처럼 나오는 겁니다.

만약에 이다음에 재일을 다룬 영화를 만들 때는 그런 녀석들을 다룰 겁니다. 저는 그런 사람들을 이해 못 하겠어요.

양 에어 포켓이라고는 해도 이양지 자신에게는 피할 수 없는 문제였다고 봅니다. 그래서 일단 멀리 돌아서 가더라도 언젠가 그 길을 지나 헤쳐 나갈 수 있을 거라 생각했는데, 그러기 위해서는 5년이나 10년 정도는 더 걸리지 않을까 생각했는데, 그만 세상을 뜨고 말았습니다.

최 저도 정말 안타깝습니다.

양 뭐, 해답은 모른 채로 끝나버렸지만.

최 제 개인적으로는 이양지가 훌륭한 재능이 있었기 때문에 더욱 안타까웠습니다.

양 한 사람 한 사람 모두 제각각이지만, 그녀의 감수성은 너무도 풍부해서 정말 이질적이었습니다.

최 반대로 말하면 그녀의 작품에 영향을 준 것은 재일 문학이 아니었던 것 같습니다만.

그렇게 생각한 이유는 문학뿐만 아니라 실은 재일이 여러 얼굴을 가질 수밖에 없는 것에서 기인한다고 생각하기 때문입니다.

국경을 넘었더니 우리들의 시대였다

양 이와 관련해 제 개인적 생각은, 아까도 최 감독 영화가 일본 영화인가, 한국 영화인가 같은 질문을 한국에서 받았다고 하지 않았습니까? 저도 사인회 때 그런 질문을 받았는데, 매우 히스테릭한 여성분이 강한 어투로 저에게 질문했습니다.

"선생님의 소설은 일본 문학입니까? 한국 문학입니까? 어느 쪽입니까?"라고.

그때 저는 일본어로 쓰고 있으니까 일본 문학에 속할지도 모르 겠다고 답했습니다. 몇 년 전에 한국 작가[49]와 대담을 했는데, 그 때 한국 작가들이 재일 문학은 일본어로 쓰여 있으니까 일본 문학 이라는 식으로 분명히 얘기했습니다. 한국문학에 들어가지 않는다 고도 말했고요.

그럼 일본 문학 쪽은 재일 문학을 일본의 문학으로 인정하고 있 느냐고 한다면, 그와 관련해서도 매우 애매합니다. 그 증거로 예를 들어 좀처럼 출판하기 힘든 '전집', 일본 문학 전집 같은 게 있지 않습니까? 그러면 대개 가장 마지막 권 정도에 별권 같은 부분에서 가끔 재일의 단편소설 같은 게 2, 3편 실리는 정도입니다.

그래서 말하자면 일본 문학에서도 다루기 어려워한다는 게 아 닌가요? 결국, 왜 한국어로 쓰지 않았냐고 말하면 "저는 한국어를 모르니까 쓸 수 없다."라는 겁니다.

그러나 우수한 문학이라든가 예술은 국가라든가, 민족이라든 가, 언어의 벽을 넘어서는 것이라고 저는 믿고 있습니다.

그래서 사실 우수한 문학이라는 것은 그런 걸 모두 극복했기 때 문에 우리가 우수하다고 인정한 게 아닙니까?

한국, 일본이라는 틀을 넘어서 사물을 생각하는 것이 아니라 아 시아 안에서의 일본이자 한국이며, 그리고 아시아라는 것은 세계

---

49) 한국 작가 : 김재용(문학 평론가), 정민(현대사 연구가), 진형준(문학 평론가), 황지 우(시인)의 좌담회에서 얘기됐다. 『민도』 8호에 「한국에서는 '재일 문학'을 어떻게 읽고 있는가」는 제목으로 개재됐다.

안의 아시아입니다. 그러한 시점에서 사물을 생각하고 글을 쓰지 않으면 예술이라고 할 수 없는 게 아닐까요?

최   그렇지요. 기자회견에서 세상에는 재미있는 영화와 재미없는 영화 두 가지뿐이라고 말했습니다.

양   문학도 그렇게 말할 수 있습니다. 일본의 경우는 순수 문학과 대중 문학, 추리소설… 이것저것 엄청나게 세분화되어 있잖아요.

저는 전부터 쭉 말해 왔지만, 순수 문학이든 대중 문학이든 그런 건 관계없다고. 문자가 있을 뿐이고, 우수하다거나 우수하지 않다거나, 재미있다거나 재미없다거나. 이런 것만이 있고 순수 문학이라고 말하는 방식은 문자의 차별화이고, 문학이기에 우수하다고 하는 것은 착각입니다.

이   영화도 완전히 똑같습니다.

양   예 같습니다. 근원을 따지면요.

최   선생님 마지막으로 한마디 부탁합니다.

정   마지막으로 한 마디는 아니지만, 모두의 이야기를 듣고 이런 걸 떠올렸습니다. 에이미 탄50)의 『조이 럭 클럽』이 있잖아요? 그 작품을 어디에 위치 지을 것인가라는 겁니다. 역시 영미문학이지 않습니까? 영어로 쓰인 이야기이고 그것을 미국 영화로 만들었고. 하지만 재일코리안인 제가 읽어도 매우 감동적이었는데, 그걸 중

---

50) 에이미 탄(Amy Tan) : 1951년 캘리포니아주 오클랜드 태생의 중국계 미국인 2세. 1989년 첫 작품인 『조이 럭 클럽』이 베스트셀러가 되면서 무명의 프리랜서 작가였지만 일약 문학계 스타가 됐다. 이 작품은 불운이나 절망을 그리면서 기본적으로는 살아가는 것 모든 것을 긍정하는 너그러운 자세로 일관하며 그러한 밝음, 부드러움이 이 작품의 특색이다. 그 외 『부엌신의 아내』, 『접골사의 딸』 등을 썼다.

국 문학으로 생각하고 읽는 것도 아니고….

최 '재미중국인 문학'이라는 식으로는 말하지 않죠.

이 그런 식으로 말하는 건 성립되지 않습니다.

최 그래서 아마도 온갖 비유로도 성립되지 않는 일을 우리가 하고 있는 걸지도 모르죠.

이 이제부터 좀 더 그렇게 되지 않을까요?

양 원래 국경이라든가, 민족이라든가, 국가라든가 그런 건 이제 점점 개념이 무너지기 시작했잖아요.

이 특히 영화나 문학으로 그런 걸 추구하려고 해도 무리입니다.

최 그래서 저는 재일이 어떤 시대에는 사회의 큰 지도자이기도 했고 선진적이기도 했다고, 시대마다 요구되는 기능으로서 존재했다고 생각합니다. 실제로 그렇게 기능하고 있었다고 생각합니다. 하지만 지금은 다릅니다. 적어도 우리들이 세상을 사유하고, 무언가를 만들기 시작한 순간부터, 미안하지만 '우리의 시대'입니다. 유감스럽지만.

하지만 그것은 우리들 고유한 한 사람 한 사람이 하고 있다는 겁니다.

결코, 누군가를 위해서, 무언가를 위해서 하는 게 아닌 거죠.

양 예를 들어 제 소설에 대해 엔터테인먼트인가, 사소설인가? 라고 왠지 자주 묻습니다. 그래서 저는 제 소설이 일종의 '자기 구제'이면서 나 이외의 인간을 위해 쓰는 게 아니라고 말합니다. (웃음)

최 앗, 이전의 가불 이야기입니까? 완전 재촉받으면서 쓰고 있던데, (웃음) 그걸 그렇게 포장해 말하는 겁니까? '자기 구제'는 자신의 정신성만을 비유한 것 같은데요.

양　이런 식으로 깎아내리는군요. (웃음)

최　제가 그 현장에 가서 말해주고 싶었는데. "양 작가는 말입니다. 작은 출판사를 망하게 하면서까지 가불 받고, 마감에 쫓겨서 글을 씁니다. 자기 구제란 그런 의미입니다." (웃음) 확실히 '자기 구제'긴 하네요. (웃음)

양　(편집부에게) 가불 좀 해줄래요?

정　잠시 돈 좀 빌려줘. (《달은 어디에 떠 있는가》의 대사) (웃음)

「재일교포 최양일 감독작《달은 어디에 떠 있는가》일 영화상 휩쓸어」,
동아일보 1994년 1월 28일, 21면.

Ⅲ

영화 속 '재일'과
'재일' 안의 표현

희극으로서의 '재일'

요모타 이누히코

1953년 효고현 태생 비평가. 메이지학원대학 교수 역임. 도쿄대학 문학부 대학원 비교문학과 박사과정 수료. 『우리의 타자가 되는 한국』, 『일본영화의 래디컬한 의지』, 『일본영화 전통과 전위의 역사』 등 다수의 저서가 있다.

음, 그렇군요. 먼저 어디서부터 이야기를 시작할까요?

이 영화에 나오는 대사는 아니지만, 한편으로 "연설은 그만 됐어."라는 기분이 듭니다. 이 영화의 역사적 의식 같은 것을 소리 높여 칭찬하고(혹은 비난하고), 모든 것을 재일한국인의 역사 안으로 해소해버려서 좋다고 하는 것은 영화비평가로서는 삼가고 싶습니다. 가장 안이한 것은 세부적인 것을 이해하지 않은 채 쓸데없이 칭찬의 말을 늘어놓는 것입니다.

이 영화 속에는 어떤 의미에서는 사람으로 하여금 극히, 마침 영화 속에도 등장하지만, 특히 현대 일본인으로 하여금 쓸데없이 말을 많이 하게 만들어 버리는 부담스러운 부분이 있습니다. 이 새로운 '재일' 영화에 관해 쓸데없이 형식적인 찬사만 늘어놓지 않기 위해서도 몇몇 개는 확실히 말해 두고 싶습니다.

역시 《달은 어디에 떠 있는가》는 확실히 재일조선인을 그린 영화가 아닙니다만, 동시에 현재의 혼돈한 도쿄를 그린 영화도 아니며, 여자에게 언제까지고 모성애를 자극하는 응석을 부리며 살아가는 서른 살 넘은 독신 남성을 그린 영화도 아니기 때문입니다. 그러나 이러한 요소를 하나하나 열거하기 전에 이 영화는 무엇보다도 먼저 90년대 일본에서 만들어진 희극영화로서 오시마 나기사의 《돌아온 주정뱅이》나 모리사키 아즈마의 《여자는 배짱》과 같이 희극영화의 계보 안에서 생각해야 합니다. 이것이 저의 기본적인 입장입니다.

그렇다고는 해도 먼저 이 영화에 나오는 재일이라는 모티브를 제 나름대로 정리해 보면 다음과 같을 것입니다.

저는 예전부터 일본영화계에서 재일한국·조선인이라는 존재는 미국 영화에서의 이탈리아인의 존재와 비교할 수 있다는 생각을 가지고 있었습니다. 지금 누구누구의 이야기를 할 생각은 아니지만, 우리 중 누구나 알고 있는 배우나 스타들이 일제히 재일 커밍아웃하면 분명 통쾌하겠다는 공상을 했습니다.

분명 재일조선인에 의해 만들어진 영화는 적잖이 있습니다. 그중에는 일본인을 향해 역사적 수난에 관해 호소하고, 그들이 처해 있는 주변적 상황을 떠올리게 하여 계몽적인 측면에서 그 나름의 의의를 완수한 것도 있습니다. 그렇지만 이야기를 하는 자기 자신도 상대화하여 웃음의 대상으로 만들면서 한 단계 높은 위치에 자리를 잡은 영화는 저의 짧은 소견으로는 지금까지 존재하지 않았습니다.

재일한국·조선인들은 실생활에서는 유머 감각이 풍부하고 통렬한 풍자 정신을 발휘하지만, 왠지 카메라 앞에만 서면 그 순간 이상하게도 항상 진지해지고 맙니다.

그러한 이유로 저는 이전부터 홍콩이 《미스터 부》를 만들어 크게 성공시킨 것처럼 일본에서도 《미스터 김》이라는 재일조선인 코미디언이 주연으로 나오는 희극영화가 등장하면 얼마나 근사할지 생각했습니다. 왜냐하면, 어느 나라나 희극은 가장 주변적인 소수파가 만들어 왔기 때문입니다. 예를 들어 뉴욕의 우디 앨런의 경우를 생각해 보십시오. 《뉴욕 스토리》에서 우디 앨런이 연출한 에피소드에서는 갑자기 어머니의 혼령이 하늘에 나타나 비 유대인적인 이름으로 바꿔 백인 여자와 결혼하려는 주인공을 야단칩니다. 그 자리에서 하늘을 쳐다보고 있는 사람들이 있고, 모든 사실이 만천하에 알려지는 기상천외한 블랙 코미디를 우디 앨런이 선보입니다. 유대인이라는 것 자체가 희극적 존재라는 신념을 가지고 우디 앨런이 지금까지 어떤 영화를 만들어 왔는지 새삼 설명할 필요는 없을 것입니다.

그런데 일본영화에서는 왜 이러한 희극적 세계관이 억압되고, 서사시적인 혹은 비극적인 것만이 모범적인 영화로서 소비되는 것일까? 이건 재일조선인이 찍든지, 재일일본인이 찍든지 거의 비슷하다고 해도 될 것입니다.

민족적 차이를 웃음으로 만들어 내는 것은 고사하고, 조선이나 한국이라는 존재를 언급하는 것 자체가 왜 금기시되어 온 것일까? 저는 불고기와 김치를 먹고 일본 사회에서 정력적으로 세차게 생존해 나가는 재일조선인들이 '수난의 기록'만으로 만족하지 않을 것이라고 항상 생각했습니다. 그들에게 어울리는 코미디 형식이 있는 것이 당연할 텐데 그러한 것이 지금까지 충분히 연구되지 않았습니다. 그러한 의미에서 최양일의 이번 영화는 기다리고 있던 것이 드디어 도래했다는 측면이 있었습니다.

제 주변 젊은 친구 중에는 지금까지 '조선인'이라는 말을 항상 머뭇거리며 말할 수 없었는데 이 영화를 보고 난 뒤 아무렇지 않게 편안한 마음으로 말할 수 있게 됐다고 말한 사람도 있었습니다. 또 다른 친구는 신주쿠의 영화관에서 관객이 가득 찬 상태로 영화를 봤는데 보고 난 후 밖에 나와서도 영화와 같은 현실이 계속 이어져서 영화 속 세계와 바깥 세계가 구별되지 않아 현기증 같은 것이 밀려왔다고 말했습니다. 이 정도의 감상을 관객에게서 끌어낸 것만으로도 이 영화는 대단한 일을 했다고 말해야 할 것입니다.

제가 신주쿠에서 영화를 볼 때도 관객이 가득 차 있었고, 제 앞쪽으로 왠지 필리핀 사람처럼 보이는 여성 몇 명이 앉아 있었습니다. 그리고 전혀 예상 못 한 장면에서 그들의 웃음이 터졌습니다. 아마도 재일조선인이 이 영화를 보면 평범한 일본인은 전혀 예상치 못한 부분에서 웃거나, 반대로 일본인이 아무렇지도 않게 웃는 부분에서는 생각에 잠기는 경우가 있을 수 있는 것입니다. 아니, 이른바 '재일' 같은 것은 어디에도 있지 않습니다. 존재하는 것은 환경도, 의식도, 세계관도 전혀 다른 복수의 구체적인 재일조선인으로, 그 한 사람 한 사람이 웃는 부분이 미묘하게 달랐을 겁니다. 그것은 이 작품이 구조적으로 취하는 다 언어성, 서술의 다원성에서 기인한 것이 틀림없습니다.

웃음은 가장 무방비한 형태로 그 인간을 둘러싸고 있는 이데올로기를 노출시킵니다. 그런 의미에서《달은 어디에 떠 있는가》는 코미디로서 재미있는 성공 전략을 취했습니다. 누구나가 다 같이 한꺼번에 웃음을 터뜨리는 것이 아니라 각자 생각한 부분에서 웃음을 발견하는 영화. 다른 사람들은 이 영화의 어떤 부분에서 웃는가? (혹은 어디에서도 웃지 않는가?) 이에 따라 역으로 이 영화의 가치가 판단되는 것입니다. 굳이 말할 필요도 없지만, 이 영화의 웃음은 절대 단순하지 않습니다. 웃음이 만들어 내는 배경에 지금 도쿄에서 일어나고 있는 상황을 단지 재일조선인의 입장에서가 아니라 가능한 한 다각적으로, 게다가 차분하게 관찰해 가려는 강인한 의지와 자세가 있기 때문에 유머가 생겨나는 것입니다.

누가 이 영화의 출현을 반겼는지보다, 누가 환영하지 않았냐는 문제의 위치에 서서 바라보는 것이 아마도 매우 흥미로울 것입니다. 누구에게 이 작품이 위협적이며, 가능하면 무시하기로 마음먹으려는 인물은 누구인가? 이런 것을 고려하는 것도 한 번 해볼 만한 것 같습니다. 그건 뭐, 말하자면 여전히 조국으로의 회귀만을 주장하는 일부 교조적인 구세대 조선인과 자신이 명예 프랑스인이나 된 것처럼 구는 일본의 일부 지식인일지도 모릅니다. 그들은 어떤 면에서 실은 매우 닮았습니다. 즉, 웃지 않는 것입니다.

남자들, 그것도 성깔이 만만치 않은 남자들만의 세계를 그린 영화 같은 것은 예전부터 있었습니다. 로버트 알드리치의《피닉스》나《터치다운》같은 작품이 그렇습니다. 그 원형 중 하나가 구로

사와 아키라의 《7인의 사무라이》라는 것은 말할 필요도 없습니다.

《달은 어디에 떠 있는가》는 말하자면 뒤집힌 《7인의 사무라이》입니다.

여기에는 택시 회사에서 일하는 7인의 남자들이 등장합니다. 사장은 재일조선인이고, 불고깃집이 아니라 골프장을 가지는 것이 꿈이고, 매우 상승 지향적이고 이로 인해 좌절합니다. 주인공은 사장과 조선 고등학교 동기이고, 그의 밑에서 일하면서 어머니가 경영하는 필리핀 바의 호스티스와 사랑에 빠집니다. 그 외 5인, 복서 출신으로 아무래도 정신장애가 있을지도 모르는 운전사라든가, 아내가 도망쳐 아이를 기르는 것만이 삶의 보람이라는 운전사라든가, 간단히 말해 지금의 관리사회 체제 안에서는 잉여물로 낙인찍힐 수도 있는 인물들이, 어쩌다가 한데 모인 것같이 택시 회사에 있습니다. 제목인 '달은 어디에 떠 있는가'는 자위대에서 근무했던 방향치 운전사가 길을 잃었을 때 회사 사무 담당자 역의 마로 아카지가 내뱉는 말이지만, 신기하게도 여기에 등장하는 모든 인물의 상황에 딱 들어맞는 표현입니다. 왜냐하면 사장이든, 주인공 운전사이든, 권투 후유증에 시달리는 것 같은 동료이든, 이 영화에서는 모두가 자신의 꿈이 좌절된 것을 뼈저리게 깨닫고 자신이 어느 쪽으로 향해 달리고 있는지 이미 잊어버린 인간들이기 때문입니다. 그들은 문자 그대로 달도 돌아보지 않는 버림받은 존재입니다.

영화의 시작과 끝에 회사 차고를 무대로 한바탕 소동이 일어나는 장면이 배치되어 있고 파친코 가게에서 나올 것 같은 음악이

흐릅니다. 모든 인물이 방향을 잃고 좌로 우로 분주히 뛰어다니고 있는 모습이 크레인 샷으로 잡히고 기묘하면서도 밝고 쾌활한 배경음악과 함께 연출되면서 이 작품의 시점이 어디에 있는지 알게 됐습니다. 오프닝 시퀀스에서 흔들거리는 롱 테이크만으로도 지금부터 시작하는 영화에는 영웅과 같은 인물은 한 사람도 나오지 않는다는 것을 바로 알았습니다. 이러한 카메라 워크가 구조화 하는 유머와 주인공 다다오의 어떤 입장에도 귀속하지 않는, 혹은 귀속할 수 없는 형식, 그렇기에 어떠한 것에 대해서도 쓸쓸한 듯 달관하려고 마음먹은 듯한 자세, 그리고 이러한 요소들이 어떻게 겹쳐지고 또 어떻게 나뉘는지를, 감독 최양일은 이러한 부분을 매우 세세하게 연출하고 있습니다.

재일조선인도, 야쿠자도, 술 취한 무임승차 미수범도, 어쨌든 모든 남자가 달을 시야에서 놓치고 어디를 목표로 되돌아가면 되는지 모르는 것입니다. 다만 여자들은 다릅니다. 필리핀 바의 마담 역의 에자와 모에코도, 호스티스 역의 루비 모레노도 조금의 망설임도 없습니다. 이 두 사람의 나이는 다르지만 매우 많이 닮았습니다. 아니 오히려 동일 인물의 과거와 현재일 수도 있습니다. 이러한 것을 매우 잘 드러내는 신이 있습니다. 마담이 자기 아들과 헤어질 뜻이 없는 루비에게 "필리핀으로 돌아가!"라고 소리치며 화를 낸 후 문득 자신의 처지를 돌아보기라도 한 듯 침묵이 흐릅니다. 1948년 제주 4.3 사건 때 열 살의 어린 나이로 일본에 건너왔을 그녀는 어쩌면 이제까지 자신에게 마구 퍼부었던 "조선으로 돌아가!"라는 경멸적인 말을 떠올렸을 것입니다. 무엇보다 여기서 최양일은 주인공의 어머니가 루비에게 다가가 끌어안는 멜로드라마를 거부하고 두 명의 여성을 굳이 대립하는 상태로 남겨두면서 보다 현실적인 시각을 유지합니다. 만약 이러한 모티브로 평양에서 혹은 70년대 서울에서 만들어졌다면 틀림없이 전자의 연출 방식이 선택됐을 겁니다. 최양일은 한국인도, 조선인도 아닙니다. 그는 코리안과 필리피노를 같은 지평에서 다룰 수 있는 '재일'의 영화감독입니다.

그럼 다다오로 돌아가서 그는 결국 무서운 어머니 밑에서 자립하지 못한 채 어리광부리며 성장이 유예된 채 루비에게 또 다른 어머니를 요구하고 있을 뿐입니다. 이 영화에서 달은 아마도 남자들이 돌아가야만 하는 여성적 짐을 의미하는 것일지도 모릅니다. 만약 그렇다면 이 영화에서 두 여성이 이상하리만치 차분하게 자신의 길을 가는 이유도 이해할 수 있습니다. 그도 그럴 것이 태곳적부터 통념적으로 여성들은 달에 비유되기 때문입니다.

이만큼이나 화제가 된 작품이니까 이제 더는 칭찬을 할 게 없겠지요. 결혼식 신의 보조출연자를 제외하고 거의 대부분 출연자가 일본인임에도 불구하고 관객들에게는 아무리 봐도 전형적인 재일조선인처럼 보였을 것입니다. 그들을 재일조선인이라고 믿게 만드는 최양일의 장난은 훌륭하게 성공했습니다. 저는 이러한 전략이 정말 좋습니다.

하지만 이것 하나만은 말하겠습니다. 이 영화는 각본이 너무도 빈틈없이 꽉 짜여 있어 가끔은 숨 막히게 느껴지는 신도 없잖아 있습니다. 다수의 등장인물이 각각의 세계관을 가지고 서로 맞부

딪히며 이야기가 진행되는 것은 좋지만, 인물들이 자신의 세계관에서 비어져 나와 예기치 않게 드러내고 마는, 즉흥적인 표정 같은 것이 약간 부족한 것 같습니다. 저는 최양일의 영화를 아주 성실하게 봐온 인간이 아니어서 단언은 삼가겠습니다. 하지만 예를 들어《10층의 모기》에서는 우치다 유야의 존재가 과잉적인 측면이 있었습니다. 사전에 짜 놓은 동선을 벗어나 자신을 강하게 드러내고, 감독의 시선 또한 인물의 과잉적 측면을 굳이 억압하지 않고 오히려 본래의 의도를 벗어나 영화를 끌고 가는 부분이 있었습니다. 그러나《달은 어디에 떠 있는가》의 경우, 나쁘게 말하면 인물이 상황적 함수로서 설명 가능한 존재에 머물러 버리는 위험성이 있습니다. 구축은 되어 있어도 이를 뛰어넘는 강한 장력을 어떻게 발견할 것인가? 단순히 현재적 상황을 훌륭하게 재현했다는 식으로 말하는 관객의 찬사를 어떻게 냉정하게 저버릴까? 이것이 앞으로 최양일이 풀어야 할 과제라고 생각합니다.

이 세상 어디에도 없는 말을 찾고 싶다

강신자(쿄 노부코)

1961년 가나가와 태생의 재일한국인 3세 작가. 도쿄대학 법학부 졸업. 86년에 『가장 보통의 재일한국인』으로 제2회 논픽션 아사히저널상 수상. 그 후 2년간 한국에 거주했으며 디아스포라를 주제로 작품 활동을 이어 나가고 있다. 『달팽이 걷는 법』, 『나의 월경(越境) 레슨 - 한국편』 등이 있다.

물음

모습이 변한다 해도
다른 이름 붙이지 마요
간직한 얼굴을 내밀 때까지
기다리고 있으니

그 모습 지금 초라해도
그를 보고 말하지 말아요
언젠가 다가올 보름날까지
기다리고 있으니

해도 진 어느 날 둥근 얼굴로
따뜻한 그 빛으로
감싸줄 테니

"저는 당신의 노래 중에서 〈달〉이라는 노래를 가장 좋아해요."

재일한국인 대학생이 한국 언더그라운드의 여왕이라고도 불리는 가수 한영애에게 말을 걸었다. 나도 이 노래가 좋다.

서울 대학로 '산적'이라는 이름의 식당, 가수는 한국가요에 관한 취재를 위해 일본에서 찾아온 사람들과 식사를 하고 있다.

가수가 한국어로 나에게 말을 걸었다.

"일본에서 취재하러 온 사람들의 질문은 말이지, '일한 관계를 어떻게 생각하십니까? 일본 음악이 한국에 개방되지 않고 있는 현재 상황을 어떻게 생각하십니까? 일본에 진출하고 싶은 생각이 있으십니까?' 이런 것만 묻고 이제 지긋지긋해."

"아직 일본에서는 한국이라는 나라에 대한 관심사가 사회적, 정치적인 것이나 역사적인 것에 많이 치우쳐 있으니까요. 문화를 문화로만 말할 상황이 아니에요. 한국의 음악이나 문화를 소개하려면, 지금 상황에선 사회적 돌파구부터 만들지 않으면 좀처럼 힘들어요. 하지만 이것도 순수하게 문화에 관해 얘기할 수 있는 상황이 되기 위한 하나의 방법이겠지요."

그럴싸하게 대답하는 나에게 가수가 묻는다.

"너 자신도 그런 방법으로 하려는 거야?"

나는 고개를 옆으로 돌렸다.

'재일한국인'이라는 사회적, 정치적 존재, 역사와 차별을 짊어진 존재로서, 그런 것만을 계속 질문받고, 그런 이미지에 에워싸여 있는 것에는 나도 꽤 질렸다. 그것을 어떻게 없앨까? 매일 지혜를 짜내며 '재일한국인'이 아니라, 한 '개인'으로서 자신을 어떻게 만들어나갈 것인가 고민해보기도 한다.

한편으로 한국에까지 가서 좋아하는 가수들을 만날 때마다 두근 거리기도 한다. 사회적, 정치적 관심으로 만나러 가는 것이 아니다. 그들의 강렬한 개성에 마음이 온통 빼앗겨버렸기 때문이다. 그리고 강렬한 개성과 마주칠 때마다 자기 자신에 관해 다시 묻는다.

속되게, 즐거운 기분으로, 가뿐하게, 좋아하는 노래라도 흥얼거리면서 나 자신을 찾아보려 하고 있다. 그리고 〈달〉 또한 내가 나자신을 찾는 길을 걸으며, 마음에 들어 흥얼거리는 노래 중 하나이다.

아무리 용모와 자태가 변해도 달은 달. 기다리고 있으면 진정한 자기 자신을 속속들이 드러내며 부드러운 빛으로 밤을 비출 때가 온다.

월하의 환상

좋아하는 한영애와 만난 날 밤, 서울에서 8월 15일 광복절 특집 다큐멘터리를 보면서 곰곰이 생각했다.

이 시기 한국 텔레비전에서는 식민지 시대를 돌아보고 한일관계를 다루는 프로그램이 연이어 나온다.

올해도 명성황후 암살을 그린 드라마나 식민지 시대의 가요 비사 등이 나오고 있었다. 그리고 '재일한국인'은 한일관계를 다룰때는 빠트릴 수 없는 주제 중 하나로, 그들을 주인공으로 한 다큐멘터리도 하나 있었다. 극작가 유미리와 극단 신주쿠 양산박을 취재한 것이다.

재일한국인이라는 출신, 일본사회에서의 차별이 그들에게 씌운 그림자, 거기서 잉태한 그들 나름의 표현, 연극, 그들과 한국과의 연관성을 다큐멘터리는 그려나간다.

나는 그들의 연극을 실제로 본 적이 없어서 뭐라고 말할 수 없지만, 한일관계, 재일한국인, 차별을 키워드로 그들을 읽어 내는 시선이 괴로웠다. 예술로서의 표현이란 그런 전제를 빼더라도 보편적인 설득력이 충분히 성립한다고 생각하기 때문이다.

〈'재일'의~〉라는 어법만으로는 한 사회에서의 존재론적 특수성만을 말하는 것으로, 결코 '개인'에 대한 평가가 될 수 없다. '재일'이라는 전제로 평가하고, 평가되는 것은 예술가에게는 너무도 불운한 것으로 생각한다.

다큐멘터리 화면에는 신주쿠 양산박의 간판 여배우 김구미자도 등장했다.

나는 한국에서도, 일본에서도 미디어를 통해 그녀를 몇 번 본 적이 있다. 그때마다 그녀가 연기하는 다양한 배역에 나도 모르게나 자신이 처해있는 '재일한국인'이라는 입장을 겹쳐 놓고 만다.

김구미자는 조선 중학교 교사역으로 《달은 어디에 떠 있는가》에서도 잠깐 나온다. 민족적 색채가 가득한 결혼 피로연 장면에서 진한 녹색의 치마저고리를 두른 김구미자는 자신을 꾀려는 주인공에게 "동무, 초급학교카라(부터) 야리나오시타라(다시 다녀야겠네요)."라며 조선어가 섞인 일본어로 쏘아붙인다. (동무도, 초급학교도 북한 쪽 용어이기 때문에 조선어라고 하겠다.)

그러한 그녀가 다큐멘터리에서 더듬거리는 한국어로 인터뷰를 하며 한국어 공부를 위해 구매한 한국 소설을 꺼내 보여줬다.

예전에 한국 영화에서 본 그녀는 일본의 기모노를 두르고 나왔다. 한국인 배우가 연기해낼 수 없는 부분을 일본에서 자란 그녀가 연기했다.

한국인은 재일한국인에 대해 '일본 냄새가 풀풀 난다'라고 말한다. 일본 냄새에 민감한 이태원의 모피 가게 앞이라도 지나가려 하면, 아무 말도 하지 않은 채 걸어가도 일본어로 말은 건다. 재일한국인이 한국에 가면 '재일'이라는 감투를 벗고 '한국인'이 될 수 있다는 것은 환상이다. 일본어를 모어로 하는 '재일한국인'은 한국에서는 '재한 재일한국인'에 지나지 않으며, 자칫하면 '일본인'으로 취급받는다. 김구미자가 한국 영화에서 연기하는 배역은 그러한 현실을 비추고 있는 것 같이 나는 느껴졌다.

한편으로 광복절 기념 한국 다큐멘터리에서 그녀는 일본사회에서 고군분투하며 사는 실력 있는 재일 연극배우로서, 게다가 민족문화에 가까워지려고 하는 '착한 재일한국인'으로 그려졌다. 이것은 내가 1989년에 주인공으로 나온 〈인간 시대〉라는 다큐멘터리에서 나의 의도와 달리 연기했던 역할과 동일한 것이다.

나는 1989년부터 91년까지 2년간 한국의 대전에서 살았다. 한국에 온 지 얼마 안 됐을 때로 한국어도 제대로 못 할 때의 내 생활을 기록한 〈인간 시대 – 2개의 이름 쿄 노부코와 강신자〉라는 다큐멘터리였다. 거기서 나는 처음 해본 한국 생활에서 진정한 한국인이 되기 위한 길을 막 걷기 시작한 사랑스러운 '재한 재일한국인'으로 그려졌다.

〈인간 시대〉의 마지막 장면, 밤하늘을 향해 죽 늘어서 있는 고층 아파트, 그 길은 강신자가 진정한 한국인이 되는 길이기도 하다는 것으로 끝난다.

월하의 환상….

지금 돌이켜보면 한국에서 2년간의 생활은 오히려 내가 한국인의 피를 지니고 있어도 이제는 한국인이 될 수 없다는 것을 뼈에 사무치도록 느끼게 되는 여정이었다.

1994년 여름, 서울에서 텔레비전을 보면서 다큐멘터리 속의 김구미자와 나 자신을 겹쳐 보면서 재일한국인이라는 것을 새삼 생각했다.

일본에서는 민족의 향기가 감도는 재일조선인을, 한국에서는 일본인을 연기하고, 그리고 다큐멘터리에서는 모두가 기대하는 재일한국인 상을 체현해내는 김구미자, 아마도 그 어느 쪽도 본래의 김구미자가 아닐 것이라고 내 멋대로 생각했다.

일본에서는 재일조선인을, 한국에서는 일본인을 연기하는 그녀의 모습에 나는 '재일한국·조선인'을 둘러싼 완강한 고정관념을 감지하고 있다. 미디어를 통해 보는 그녀의 모습에 재일한국인으로서 나 자신이 처해있는 거북한 상황을 보고 말았다. 거듭 말하지만, 이것은 내가 안고 있는 문제이지 그녀의 문제가 아니다.

'재일한국인'이라는 틀에 안주하는 것이라면, 달이 어디에 떠있든, 달을 올려다보는 나 자신이 어디에 있든, 그것은 큰 문제가 아니다. 재일한국인으로서 일본에서의 위치는(한국에서의 위치도) 달을 올려다볼 것까지도 없이 실은 명백하다.

《달은 어디에 –》에서 그린 재일한국인 상, 많은 일본인에게는 신선했던 그러한 이미지도, 혹은 《달은 어디에 –》에서 그리지 않았지만 그래도 일본에서는 흔하게 있는 일반적인 재일한국인 상, 둘 다 나에게는 벗어 던지고 싶은 고정관념의 이미지 중 하나에 지나지 않는다.

예전에 나는 재일한국인이란 일본인도 한국인도 아닌, 일본과 한국 사이에 있는 새로운 인종이라고 표현한 적이 있다. 하지만 지금의 나는 '재일'이라는 말에 일본이라는 틀을, '한국인'이라는 말에 한국이라는 틀을, 그 두 개의 말을 합친 '재일한국인'이라는 말에 일본과 한국에 이중으로 묶인 숨 막힘, 정형화된 생각의 이미지에 붙들린 갑갑함을 느낀다.

그리고 그것은 '재일한국인'이라는 단지 일반적인 상황을 나타내는 말이 '개인'에 대한 평가의 잣대가 되는 것에도 저항감이 있다.

내가 확실한 '나'를 찾는 것, 이것이 나에게는 가장 소중하다. '재일한국인'이라는 것이 일단 물음의 계기는 될 수 있지만, 답은 되지 않는다.

일본에서 한국 국적을 가지고 태어났다. 그로 인해 사회적으로 여러 가지 불편을 강요당하는 경우가 많았다. 그것은 어디까지나 여러 계기 중 하나로, 거기서부터 출발하여 나 '자신'에게 다다르는 과정이야말로 중요한 것이다.

'사이'에 서 있다는 정적인 존재가 아니라 눈에 보이지 않는 '틀'을 넘어 나아가려는 동적인 존재라는 것, 그것은 자기 자신을 찾는 것이기도 하고, 자신의 표현을 찾는 것이기도 하며, 자기 삶의 리듬을 몸에 익히는 것이기도 하다.

2년간 나는 무엇이 본업인지 잊을 정도로 음악에 빠져 있었다.

한국의 한 젊은 가수의 '자신의 소리'를 찾는 일에 열심히 동참하여 구마모토 - 서울 - 도쿄를 오가며 소리와 리듬으로 이 세상을 알아듣는다면 어떤 풍경일지 귀를 기울여 왔다.

과거와 현재를 오가며 소리와 리듬이 어떻게 바뀌어 왔는지 귀를 기울여 왔다.

엔카

1994년 봄부터 한국은 레게 붐이다. 그 전해에는 테크노/하우스가 유행했다. 1992년 후반은 힙합 문화에 랩으로 서울이 온통 물들어 있는 느낌이었다.

기본적으로 나는 동서양을 불문하고 엔카와 클래식 이외라면 어떠한 음악도 듣지만, 최근에는 라디오에서 아시아의 팝을 소개하는 방송을 통해 제법 많은 한국의 음악을 들었다.

레게든, 랩이든 한국어는 어떤 것에도 분위기가 꽤 잘 어울린다. 일본어로는 좀 상대하기 어렵지 않을까?

말이 가지는 리듬감, 말을 하는 내 안에서의 리듬감, 이런 점이 매우 마음에 들어 흥미를 느끼고 있다.

예를 들어 일본어로 생각하고 말하고 쓰는 한 아무래도 일본어 문법, 일본어 리듬, 일본어의 사고방식에 구속된다. 나의 경우 한국어로 말을 할 때도 리듬도 사고도 일본이 이투가 깅하다.

일본어를 모어로 하는 내가 한국어를 말할 수 있게 되면서 소통의 도구이어야 할 말에서 사람을 구속하는 틀을 강하게 의식하게 됐다. 차라리 '일본어인'이라고 밝힐까 생각했을 정도다. 그렇게 밝히지 않는 것은 일본어가 나에게 씌워 놓은 틀도 넘어서고 싶은 생각 때문이다.

생각건대, 말에는 사람을 틀에 집어넣는 구심력이 있다고 한다면, 아마도 음악은 리듬을 통해 사람을 하나의 방향으로 이끌고 가는 위험한 구심력이 있는 동시에 리듬을 통해 마음을 둘러싸고 있는 틀을 흔들어 무너뜨리는 강한 원심력도 있는 것 같다.

어떠한 불순물도 없는 순혈의 순수한 리듬, 순결한 울림이라는 것은 음악의 본질과 서로 상충하는 것은 아닌가? 타문화의 소리나 리듬이 부딪혀 서로 뒤섞이고 새로운 소리와 리듬이 생겨나기 시작한다. 그것이 음악에 매력과 원심력을 선사한다.

그런 당연한 것을 새삼스럽게 생각하기 시작한 계기가 한국에서 접한 음악이었다.

특히 1994년 전반에 내가 싫어하는 엔카를, 그것도 한국과 일본의 문명개화 시기부터 전쟁 전까지, 그 사이에 나왔던 것만을 집중해서 들었다.

어쨌든 엔카는 별로 좋아하지 않기 때문에 일본어로 엔카를 부르는 한국인 가수에게도, '엔카의 원류는 한국에 있다.' 같은 감상적인 주장에도 그때까지 별로 관심이 없었다. 오히려 한국인 가수라고 하면 엔카라는 장르에서 비롯된 이미지로 내 머릿속에 강하게 새겨져 있었다.

한국 하면 엔카, 그래서 엔카를 싫어하는 내게 미묘하게 그림자가 드리워, 한국에 가기 전에는 한국을 필요 이상으로 먼 곳으로 여기고 있던 것도 사실이다. 그런 내가 한 번 더 한국과 일본을 바라보고, 한국과 일본과 나 자신의 위치 관계를 다시 보려고 했을 때 거기에 엔카가 있었다.

한국에 〈희망가〉라는 노래가 있다.

> "이 풍진 세상을 만났으니 / 너의 희망이 무엇이냐 / 부귀와 영화를 누렸으면 / 희망이 족할까 / 푸른 하늘 밝은 달 아래 / 곰곰이 생각하니 / 세상만사가 춘몽 중에 / 또다시 꿈같다."

이 노래는 3·1운동이 좌절된 1919년쯤부터 절망감을 담아 널리 불린 한국 최초의 대중가요로서 1925년에 일본 축음기 상회 경성 지점에서 레코드로 발표됐다.

〈희망가〉는 실은 일본의 〈새하얀 후지산의 봉우리〉라는 노래와 멜로디가 같다. 이 멜로디를 한국에 가지고 온 것은 아마도 대한 해협을 건너 한반도에 온 일본인 엔카 악사들이었을 것이다. 엔카 악사들은 한반도에서 유행하기 이전에 일본 국내에서도 길거리를 돌아다니며 노래 부르고, 악보를 팔며 〈새하얀 후지산의 봉우리〉 를 전국으로 퍼트렸다.

엔카에는 한일 양쪽 모두에 이런 비슷한 원초적 풍경이 담겨 있 는 것이다.

〈새하얀 후지산의 봉우리〉는 엔카가 아니다. 창가로 보는 견해도 있을 것이다. 분명히 이 노래는 처음에 창가로 일본에 소개됐다. 이는 거슬러 올라가면 서양에서 불리던 찬송가였다.

서양의 칠음계로 노래할 수 없는 일본인을 위해 신중하게 선택한 장조 오음계의 찬송가 멜로디에 일본어 가사를 붙인 노래 중하나로 〈꿈속 밖〉이라는 창가가 있었고, 이것이 다시 가사가 바뀌어 〈새하얀 후지산의 봉우리〉라는 유행가가 됐다. 이 노래는 엔카악사들에 의해 일본인의 신체 리듬, 몸에 배 있는 음계에 좀 더 맞게 바뀌었다. 이 곡을 단조로, 이른바 엔카풍으로 바꾼 것이다.

나아가 한국에서는 미묘하게 리듬도 바뀌고, 판소리 풍으로 불리는 〈희망가〉가 됐다.

서양의 음과 박자, 일본의 음과 박자, 한국의 음과 박자, 그 최초의 혼혈이 〈희망가〉였다고 말할 수 있을지도 모른다.

그즈음부터 엔카와 비슷한 가락이나 리듬이 일본에서도, 한국에서도 점점 범람하게 됐는데, 그 엔카적인 가락은 오음 음계로만들어졌다. 서양의 음이 일본의 전통적인 음계와 서로 어울리며일본화된 결과, 파와 시가 없는 이른바 오음 음계라는 형태로 자리를 잡았다. 이 음계로 근대 초기 대부분의 대중가요가 만들어졌다. 엔카는 그 당시의 가장 새로운 소리였던 것이다. 그 소리가 식민지 한국에도 전해져 한국도 또한 오음 음계의 대중가요를 부르는 나라가 됐다.

전후 재즈, 록, 리듬 앤드 블루스, 라틴, 레게 등, 계속해서 새로운 멜로디와 리듬이 한국에도, 일본에도 흘러들어와 이제 엔카는 가장 오래된 형태의, 즉 전통적 가요로서 위치 지어졌다. 하지만 돌이켜보면 그러한 가장 일본적인 가락이라고 여겨졌던 엔카조차도 서양의 피가 흐르고 있다. 그것이 재미있다. 한국에 뿌리 내린 엔카에도 한국의 피와 함께 당연히 서양의 피, 일본의 피가 흐르고 있다.

한마디로 말하자면 근대의 서양과 일본과 한국의 관계를 소리와 리듬으로 표현한 것이 '엔카'인 것이다.

'엔카'를 파고들면 창가가 나오고, 그것은 원래 찬송가로 그것을 가지고 온 것은 선교사이고, 그 선교사를 움직이게 하는 것은 기독교, 기독교 프로테스탄트 신앙이 자본주의를 잉태했고, 자본주의가 제국주의로 스리슬쩍 바뀌었고, 제국주의 서양 열강이 일본을 개국시켰고, 일본이 한국을 식민지로…. 자꾸자꾸 계속해서 연상되지만, 한일 사이에서만 끝나지 않는 '상황'의 크기에 어떻게 정리하면 좋을지, 어찌할 바를 모르겠다. 어찌할 바 모를 이 느낌은 그때까지 내가 안고 있던 한일 간의 폐색된 느낌에 비교하면 쾌감마저 든다.

한국에서는 엔카풍의 가요가 일본의 문화 침략 산물이며 한국의 전통적 음악 체계를 왜곡한다는 역사에 뿌리 박은 논의도 있다. 하지만 거슬러 올라가면 엔카 이전의 전통음악 또한 오랫동안 문명의 중심지였던 중국의 피가 섞인 것이며 결국 '순수'하고 '순혈'한 것이 아니다.

일제 36년에 너무도 초점을 맞춰 한국문화와 일본문화의 서로 먹고 먹히는 치열한 싸움이라는 구도에서 문화를 말한다. 이는 마치 일본과 한국밖에 존재하지 않는 좁은 세상에 살고 있는 것 같아 공허하다.

그리고 '재일한국인'이라는 존재는 오랫동안 그런 장소에 갇혀 있었다. (어쩌면 스스로 가두고 있었던 것일지도 모르지만.)

한국의 경우 지금도 한국문화 대 외래문화라는 이항 대립적 구도 안에서 서양 음악이 한국에 들어오는 것에 대해 문화 침략이라고 목소리를 높인다. 하지만, 록 음악이라 하더라도, 리듬 앤드 블루스라 하더라도 대략적으로 말하면 백인과 흑인의 소리와 리듬이 섞인 혼혈의 산물, 소리와 리듬은 전 세계를 돌아다니고 있는 것이다.

이동과 충돌과 마찰과 혼혈의 결과, 새로운 자극, 새로운 창조, 새로운 음, 새로운 리듬, 새로운 문화를 우리는 손에 넣어왔다.

무언가와 무언가가 부딪쳐서 다른 새로운 것이 생겨날 때 거기에는 그 '무언가'를 함께 지니고 길을 오가는 사람들이 있다.

예컨대, 엔카의 원초적 풍경 속 주인공, 엔카 악사.

엔카가 사람들이 홀딱 반한 엔카로 되기 이전에는 그들도 또한 그냥 길 가는 사람들이었으며, 괴이한 아웃사이더이기도 했다. 그들 중 다수는 지배계급도, 일반대중도 아닌 무사 가문 출신에 집도 없었다. 그들은 삿갓을 쓰고 굽 높은 나막신을 신고 정강이를 드러내어 지팡이를 짚고 주먹을 휘두르며 고함치듯 노래를 불렀다. 그들은 당시의 정치를 비판하고 공격하며 서양 열강에도 분노를 터뜨렸다. 거기에는 세상에 대한 분노도 있었고, 노래를 많이 팔아 돈을 벌려는 속된 근성도 있었다. 나는 괴이한 아웃사이더들의 그 속된 부분이 꽤 마음에 들기도 한다.

그들이 길을 가다 십자로에 서서 노래하고, 사람들은 그들 노래를 통해 세상 돌아가는 일을 들었다. 노래는 일본 전국에 전해져 바다 너머 조선반도에도 건너갔다.

엔카 악사가 다니던 길은 셋쿄부시나 조루리, 비파 법사 같은 예능인들이 다니던 길과도 겹친다. 한국에서도 판소리 소리꾼이나 거리 공연가들이 곳곳을 돌아다니며 거리에서 노래를 전하고 문화를 전했다.

그들은 이 세상에 확실한 '거처'를 가지지 않은, 때로는 멸시의 눈으로, 때로는 두려움의 눈으로 바라보는 떠돌이였다.

서양의 선교사들 또한 분명히 유랑자이다. 그들은 복음과 서양 문물과 찬송가와 근대사회의 리듬을 손에 들고 대양을 건너 일본이나 한국 등의 아시아로 왔다. 그들은 이 세상에 문화와 인간의 대규모 혼혈을 가져왔다.

'엔카'는 이들 유랑자의 움직임에서 태어난 혼혈의 음악인 것이다.

유랑과 혼혈.

유랑자는 분명 '거처'가 없으므로 반대로 이 세상의 모든 장소가 그들의 터가 된다. 무언가를 구해 유랑하는 자가 지나간 뒤에는 새로운 무언가가 남겨진다.

떠돌이라는 것. 정신적으로 혼혈인이라는 것. 그것이 내가 지향하는 것이다.

현실의 신체는 하나의 장소에 묶여 있지만, 시선은 마음가짐에 따라 자유자재로 틀을 넘을 수 있다. 귀는 다양한 음을 들을 수 있다. 마음으로 서로 다른 리듬을 느낄 수 있다.

나는 오랫동안 많은 사회적, 정치적 이미지가 달라붙은 '재일한국인'을 대신하는 말을 계속해서 찾아왔다. 지금 생각건대 '재일한국인'을 대신할 말은 없다.

내가 일본에서 한국 국적을 가지고 태어났다는 사회적, 정치적 특수성을 짊어지고 있는 한, 그 부분에서는 '재일한국인'일 수밖에 없는 것이다. 그리고 '재일한국인'이라는 말에 대한 나의 초조함은 그러한 특수성을 넘어 너무나도 자각 없이 지나치게 그 말이 사용되기 때문이었다.

나는 '재일한국인'으로서만 살아가고 있는 것이 아니다. 한 명의 인간으로서 나 자신의 진정한 모습을 찾으며 살아가는 과정에서 재일한국인이라는 것은 사고나 행동의 계기이거나, 제한이 되기도 하지만 단지 그뿐이다.

나라는 한 인간이 생각하고 말하고 표현하며 살아간다. 그 '인간으로서'라는 점이 소중한 것이며 나는 그것을 쫓아온 것이다.

나라는 한 '개인'은 '거주지'가 없이 '혼혈'의 정신성을 지니고 '유랑'하며 사는 인간이고 싶다. 너무도 거대한 세계 안에서 망연자실하면서도 자신의 리듬, 자신의 말을 찾아 걸어 나가는 한 '개인'이고 싶다.

이 세상 어디에도 없는 말

서울 – 구마모토 – 도쿄를 오가며 나와 함께 '자신의 소리'를 찾아 헤맸던 가수가 말한다.

"한국어도 아닌, 일본어도 아닌, 영어도 아닌, 나만의 말을 만들어 노래하고 싶어."

자신의 리듬을 끝까지 파고들었더니 마지막에는 내 생각대로 되지 않는 말이 남았다. 자신의 생각, 자신만의 신체 감각, 말은 그런 것들을 완전하게 다 표현하지 못한다고.

같은 말을 서울에서 가수 한영애에게서 들었다.

"앨범 중에 프랑스어로 부르는 노래가 있지?"라는 나의 물음에, "아, 그거 프랑스어가 아니야. 이 세상 어디에도 없는 나만의 말로 부를 생각으로 마음 가는 대로 소리를 늘어놓은 거야."

그녀는 이렇게 덧붙였다. 아무래도 자기 삶의 리듬은 한국보다는 프랑스 쪽이 맞는 것 같은데, 그래서 프랑스어처럼 된 걸까? 라고.

자신만의 말을 찾아간다. 그런 시도 안에서 새로운 표현이 만들어진다. 철저히 하나의 '개인'을 추구하는 것이 보편적인 힘을 가지는 '표현'을 만들어 낸다.

새로운 표현을 만들어 내는 것은 일본에서 외국인으로 태어났다는 상황보다도 그 사람이 어떤 정신성을 가지고 살고 있는가에 의해 결정된다고 생각한다.

일본이라는 닫힌 장소 안에서 행복인지 불행인지는 모르겠지만, 지금 유행하는 것과 같이 '재일'이 재미있다고 말하는 것은 자기 자신을 바라보고 끝까지 파고드는 것, 이른바 '표현자로서의 정신성'을 획득하는 계기가 마련됐기 때문일 것이다.

다만 그 계기를 어떻게 살릴 것인지는 '재일'로서 가지는 문제가 아니라 어디까지나 한 '개인'의 문제이다.

재일코리안의 '일상'

안연옥(안 렌교쿠)

1968년 후쿠이 태생, 프리 아나운서. 조선대학교 외국어학부 중퇴. 간사이를 중심으로 리포터, 방송 진행자로 활동하고 있다.

조선학교 시절

처음에 제목을 듣고 "또?"라고 생각했다.

지금까지 재일코리안을 다룬 영화는 많이 있었지만, 왠지 '어두운' 분위기가 많았던 것 같은 느낌이다. 그렇다고 내가 재일코리안을 다룬 영화를 전부 본 것은 아니다. 굳이 보려 하지 않는 부분이 있다.

내가 고등학교 1, 2학년 때쯤이었을까? 재일코리안(주로 총련)이 만든 영화를 학교에서 보여준 적이 있다. 물론 전교생이 봤다.

당시 조선 고등학교에 재학 중이었는데 동급생 중에서도 몇 명이 오디션 같은 것을 보고 그 영화에 출연했다. 영화 배경이 고향인 간사이였기 때문에 출연자들도 본 적이 있는 얼굴이 대부분이었다. 평소 자주 보는 총련 본부의 누구누구, 무용단 단장, 게다가 웬걸 우리 할아버지까지도 그냥 웃고만 있는 엑스트라로 출연했다.

영화 내용은 분명 어느 재일코리안 여성이 조선인이라는 것을 한탄하고 자신의 출신을 숨기고 일본인 남성과 재미로 연애하는 것이었다. "조선인으로 태어나지 않았어야 했어. 조선인 따위는 싫어."라고 큰소리로 외치며 문란한 생활을 보내다가 한 재일코리안 남성을 만난다. 그리고 그의 진실한 사랑으로 결국 개과천선하고 조선인 여성으로서 다시 태어나 당당하게 살아가는, 그런 이야기였던 것 같다. 솔직히 말해 당시 열대여섯 살이었던 나에게도 이야기가 앞으로 어떻게 전개될지 훤히 보였을 정도로 뻔한 이야기였다.

그 후 대학 시절에도 이래저래 그런 종류의 영화를 볼 기회가 있었지만, 본 사람의 감상을 들어보면 대체로 비슷비슷해서 별로 보고 싶은 생각이 없었다. 그래서 《달은 어디에 떠 있는가》라는 제목을 보고 "또 뻔한, 어두운 이야기겠지."라고 생각했던 것이다.

나중에 각종 영화상을 휩쓸고 여주인공인 루비 모레노가 주목을 받을 때도 나는 사실 보지 않았다.

나는 이전에 간사이의 모 시사 프로그램 진행을 맡은 적이 있었는데, 이 프로그램을 위한 면접을 보러 갔을 때 방송국 직원들이 나를 둘러싸고 "연옥 씨는 《달은 어디에 떠 있는가》 봤어요?"라고 물었다. "아~, 아직 안 봤는데요."라고 대답한 나에게 그들은 "꼭 보세요. 정말 재미있어요. 아마 지금 오사카 ○○극장에서 아직 상영하고 있을 거예요."라며 추천했다. 줏대가 없는 편인 나는 "그래요? 그럼 꼭 볼게요."라고 대답했지만 본가가 고베에 있어서 오사카까지 일부러 보러 가는 것도 귀찮아져서 그냥 그렇게 지나갔다. 그리고 잊어버리고 있었다.

이번에 이 책의 출판을 이유로 나 같은 사람에게도 연락이 와서 나는 황급히 비디오 대여점으로 달려가 이렇게 보게 됐다.

영화 속 익숙한 광경

먼저 서두의 피로연 장면에서 놀랐다. 아! 알아, 알아. 필살의 재일코리안 결혼 피로연. 도중에 누군가가 민요를 부르기 시작하면 한 사람, 두 사람 '어깨춤'을 시작하고, 점점 모두 다 같이 춤을 추기 시작하는 끈질긴 민족. 덧붙여 그런 건 식장을 곤란하게 하고, 사회자도 곤란하게 만드는 행동이다. 나도 피로연 사회를 해봐서 알지만, 일본인 사회자나 예식장 쪽에서는 "한국인들은 시간을 안 지켜서 곤란하다."라고 자주 말한다. 이른바 시간 개념이 느슨한 코리안 타임이다. 일단 춤추기 시작하면 멈추질 않으니 다음 피로연이 밀릴 수도 있어서 예식장 지배인이나 스태프들은 조마조마한다는 것 같다. 그리고 한국인 피로연에 참석해서 그렇게 흥에 겨워하는 걸 처음 본 일본인은 눈을 동그랗게 뜨고 난처해한다는 것 같다. 그야 놀랄 만도 하다.

이 영화에서의 피로연 사회자의 분위기나 말투도 아무리 봐도 진짜 같아서 무심코 "이 영화, 비디오가 아니라 영화관에서 보면 정말로 피로연장에 있는 것 같은 착각이 들지 않을까?"라고 생각할 만큼 현장감이 있었다.

결국, 신랑 쪽인지 신부 쪽인지, 하여튼 동창생이 부른 "세상에 부러움 없어라."라는 가사의 노래는 조선학교에서는 1년 내내 불렀던 그리운 곡으로, 나도 모르게 함께 흥얼거리고 있었다. (참고로 부엌에 계시던 어머니도 노랫소리를 들으신 듯 따라서 흥얼거리고 있었다.)

"우와! 이런 영화도 있네~."라고 막 생각하던 참에, "응? 이 사람…"하며 본 적이 있는 것 같은 얼굴이 한둘씩 등장하고, 웬걸 사회자 역에는 김수진, 치마저고리를 입은 여성은 김구미자, 그리고 한국 민단 회장 역으로 주원실이 나오는 것이 아닌가!

사사로운 것이라 면목 없지만 나는 조선대학교 시절에 연극부에 있었다. 모교인 고베 조선 고등학교에서 일본어 교사가 되기로 마음먹고 대학에 진학했지만 그만 연기에 푹 빠져 버린 것이다. (대한항공기 폭파 사건의 김현희를 연기한 적도 있다.)

우연찮게 연극부 고문인 선생님이 김수진과 아는 사이로, 그가 이끄는 극단 '신주쿠 양산박'과 만나게 된 것이다. '신주쿠 양산박'에는 재일코리안도 몇 명 있었고 열정적이면서도 신기하고 희한한 느낌으로 우리에게 어필하는 연극을 보여줬다.

나는 이 극단이 너무 좋았고 조선대학교 학생 중에서도 '신주쿠 양산박'의 연극을 보는 것을 학수고대하는 이들도 매우 많았다. 그 당시 우리는 길거리나 잡지 등에서 '신주쿠'나 '양' 혹은 '박'이라는 글자만 봐도 '신주쿠 양산박'에 관한 것일지도 몰라 가슴 졸이며 유심히 살펴보곤 했다.

내가 그들의 팬이 된 데는 이유가 하나 있다. 연극부 특권으로 나는 재일코리안 극단 '아랑 3세'의 창단 공연인 《빛의 거리, 파랑

새 전설》에 리포트 역으로 참가한 적이 있다.

그때 '신주쿠 양산박' 멤버들에게 도움을 받았고 극단 대표인 김수진 씨에게는 연출까지 맡겼었다.

그때까지도 그들의 공연 전에 연습실에 우르르 몰려가서 연습하는 모습을 보고는 했는데, 이《빛의 거리, 파랑새 전설》을 계기로 나는 '신주쿠 양산박'에 들어가 이 사람들과 연극을 하고 싶다고 생각했다. 마침 대학 3학년이 됐을 때였다. 나는 3학년 겨울, 12월에 대학을 중퇴했지만 그만둔 뒤에는 도쿄에 남아 본격적으로 '신주쿠 양산박'에 입단해서 연극배우로 살아갈 생각을 하고 있었다.

결국, 부모님의 맹렬한 반대에 부딪혀 소심한 나는 맥없이 고베로 돌아갔다. 고베의 극단에 들어가려고도 했지만, 그것도 안 되어 한심하게도 그냥 한결같이 '신주쿠 양산박'의 간사이 공연을 마음속으로 기다리며 집안일을 돕는 딸(소위 백수)이 됐다.

이래저래 있다가 사회자나 내레이터 일을 하게 됐고, 바쁘게 살아가던 와중에 '신주쿠 양산박'을 쫓던 열정은 서서히 식어버렸으며 연기를 할 기력도 체력도 사그라져 버렸다.

그리고 수년이 지난 지금, 이 영화의 피로연 장면에서 김수진 씨를 발견하고 각본에 정의신 씨의 이름을 찾았을 때 그리움과 함께 내 개인적으로도 "재미있는데, 이 영화!"라고 느꼈다.

누군가도 말했지만, 이 영화는 초심자보다 숙련자가 좋아하는, 이른바 완전히 한반도 상황에 관심이 없는 사람보다 조금이라도 알고 있는 사람이 이해하기 쉬운 영화라고 생각한다.

다만 안타깝게도 다 보고 나서, 나는 언제나처럼 "이 영화의 요지는 북한 쪽인가? 아니면 한국 쪽인가?"라고 생각했다.

재일코리안이나 한반도 상황을 다룬 책이나 텔레비전 등을 보면 무심코 우리(내 주위 사람들뿐일지도 모르지만)는 "이건 분명 북한 쪽생각일 거야."라든가, "한국 쪽 견해군."이라고 평가를 해버린다. 그래서 무의식중에 "북이나 남, 어느 한쪽으로 치우친 영화일 거야."라고 생각하고 마는 것이다.

결국, 나의 독단과 편견으로 말한다면 이 영화는 '재일코리안쪽의 재일코리안 편"이다.

"어둡고 슬픈 결말이면 싫은데."라고 생각했지만 분명 해피엔드였고, 그렇다고 해서 큰 의미에서는 대놓고 즐거워할 수 없는, 우리에게 질문을 남기는 영화였다.

다 보고 난 후 "결말은 당신의 상상에 맡기겠습니다." 같이 뭔가 생각하게 만드는 영화를 나는 좋아한다. 이 영화는 너무 가볍지도, 너무 무겁지도 않게 적당히 생각하게 만드는 작품으로 무척이나 만족스러웠다.

주인공 두 사람의 "요즘 돈벌이는 개안나(괜찮아)?", "기양저양개않다(그럭저럭 괜찮다)."라는 대사도 꽤 인상에 남았지만, 주인공의 동료가 자주 하는 "조선인은 싫지만 추 씨는 좋아한다구."라는 대사가 귀가를 맴돈다.

일본인 같은 코리안

또한 하기와라 마사토가 연기한 택시 승객과 주인공의 대화가 너무 좋았다.

"이거 가(姜) 씨? 쇼가(생강)의 가죠? 가라고 읽습니까?"라고 시작해서 "저 말이죠, 재일한국·조선인에 관한 기사도 읽고 하는데요."라고 말하고 위안부 문제도 너무 호들갑이죠? 라는 내용으로 대화가 흘러가는 대목도 공감됐다.

재일코리안으로 본명을 말하는 사람이라면 한 번은 그런 비슷한 경험을 해보지 않았을까?

나에게도 "안(安)이면 야스(安)라고 읽습니까?" 혹은 "안연옥, 독특한 이름이네요. 아버지가 스님이신가요?"라고 묻는 경우가 늘 있다.

물론 재일 문제나 한반도 문제에 관해 제법 박식한 사람도 많이 있을 것이다. 내가 만약 일본인이었다면 "아무리 이웃 나라라고 하지만 이런 것까지 공부해서 알 필요는 없지."라고 생각할 정도로 세세하게 알고 있는 사람도 많다. 그러나 그중에는 매우 드물게 아는 척한다고나 할까, 뉴스 좀 본 것을 가지고 "나도 조금은 알고 있단 말이야."라는 듯이 표정을 짓는 사람도 있다. 그런 것이 재미있기도 하지만, "야스 씨는 한국 사람이니까 중국어도 할 줄 알겠네요."라며 엉뚱한 것을 말하기도 한다. 웬일인지 젊은이 중에는 한국, 북한 그리고 중국은 같은 나라라고 생각하는 사람들도 제법 있는 듯하다.

나는 일본인 친구에게 "평소에 별로 인식하지 않았는데 실은 외국인이지? 별로 한국인 같지가 않네. 일본인이랑 별로 다르지 않아서 위화감도 없고. 일본인 같아. 이미 어엿한 일본인이네. 넌 일본인이야."라고 단언하듯이 말하는 것을 몇 번인가 들은 적이 있다. 물론 친구는 친근감을 한껏 담아서 말해줬다. 평생 친구로 지내자고 하면서.

그러나 나는 그럴 때면 너무도 복잡한 기분이 든다. 예전 조부모님이나 부모님 시대에 정말 많았던 그런 차별이나 거리를 두지 않고 다가오는 것은 진심으로 기쁜 일이다.

그러나 입으로는 "정말? 그런가? 그렇구나. 일본에서 태어나 자랐으니까 일본인이랑 별로 다르지 않아."라고 대답하면서 쓴웃음을 숨기지 못하는 나 자신이 애처로울 때도 있다.

물론 내 성격이나 행동에 "일본인 같다."라고 말하는 이유가 있을 것이다.

그러나 코리안의 피를 가지고 태어난 내가 "일본인 같다."라는 말을 듣고 단순히 기뻐할 수는 없는 것이다.

나는 초등학교에서 대학 3학년까지 조선학교에 다녔다.

나의 경우 중퇴는 했지만, 남들은 대부분 제대로 졸업해서 동포 기업에 취직하거나 조선학교 교사가 됐다.

과연 그들은 일본인에게 "일본인 같다."라고 들은 적이 있을까?

나는 대학을 중퇴한 후에 현재까지 사회생활을 하면서 학창 시절의 친구 이외의 코리안과는 만난 적이 거의 없다. 이른바 방송업계라는 화려한 세계에서, 물론 항상 본명으로 당당하게 일을 해

왔다고 할 수 있다.

그래서 더욱더 "일본이 같다."라고 하면 기쁜 것 같으면서도 슬픈 것 같은 복잡한 심경이 되는 것이다.

그러나 겉으로는 이 영화의 주인공처럼 일본인에게 맞춘다고 할까, 제삼자가 보면 우유부단하게도 보이는 반응이 나올 때가 있다.

그런 의미에서 이 영화의 주인공과 택시 승객과의 대화는 너무도 공감됐다.

한국인 같은 일본인

나는 원래 한국 국적인데, "자기 나라말을 모르는 것은 불쌍하다."라는 부모님의 교육 방침으로 조선학교에 다녔다. 배워야 할 것도 배우고 마음을 터놓을 수 있는 친구도 생겼다.

일본 학교에 다녔다면 얻을 수 없었을지도 모르는 무언가를 피부로 직접 느끼며 살아왔다고 생각한다.

그런 내가 대학을 중퇴한 후 바로 한국에 여행을 갔다. 한국 친구들도 잔뜩 생겼는데 결국 쓸쓸한 마음으로 일본에 돌아온 적이 있다.

한국인은 일본인처럼 상대의 기분을 배려하면서 부드럽게 에둘러서 말하지 않는다. 예를 들어 진열장의 상품을 보여 달라고 하고 점원에게 "그냥 다음에 살게요."라고 말하면 일본에서는 "그럼 다음에 오세요."라고 하는데, 한국은 "안 살 거면서 왜 봐?"라고까지 한다. 손님을 향해 (물론 일부이지만) 어쨌든 거침없이 무뚝뚝하게 말을 한다.

한국에서 알게 된 친구가 나에게 이렇게 말했다. "넌 역시 일본에서 태어나 자라서 우리와는 감각이 다르네. 재일교포는 한국인이 아니야. 일본인이야."

헉! 웃으면서 그런 걸 말해? 그런 웃는 얼굴을 하고, 악의는 없었을 테지만, 하지만 어쩌면 빈정이나 시샘, 질투를 담고 있었을지도 모른다.

하지만 분명 그것이 한국인의 솔직한 견해일지도 모른다.

일본에서는 '일본인이 된 한국인'이고 본국에서는 '한국인 같은 일본인', 재일코리안. 이 무슨 어중간한 입장인 것인지.

"재일코리안의 아군은 재일코리안이고 재일이라는 하나의 민족으로서 살아가는 것이 자연스러운 것이 아닐까?"

물론 "나의 나라를 위해, 나의 민족을 위해"라며 자기 나라인 북한, 한국을 위해 힘을 내고 열심히 사는 사람도 훌륭하다고 생각한다.

나에게도 나라는 소중하다. 그러나 이 일본 사회에 푹 잠겨 버려서, 내 나라에 돌아갈 기회도 별로 없이 일본에서 영주권까지 취득해 버린 나에게, '나라를 위해'라는 생각은 솔직히 말해 희미해져 버렸다.

방송 진행자로서

나는 방송 진행자가 되고 나서 어느 한 재일코리안 2세에게 혼이 난 적이 있다. 분명히 말해 같은 재일코리안이라도 1세, 2세, 3세, 하물며 4세쯤 되면 민족의식에서 꽤 차이가 난다. 나는 3세의 입장에서 솔직한 의견을 말하려고 한다.

그러나 그 사람이 말하는 것은 "안 씨, 당신은 운이 좋게도 방송에서 말할 수 있는 권리를 가졌으니까 모든 재일코리안을 대표해서 의견을 말하지 않으면 곤란합니다. 당신은 지금까지 운이 좋게 순조롭게 왔지만 재일코리안 중에는 여전히 차별받고, 가고 싶은 학교에 들어갈 수도 없고, 다니고 싶은 회사에 취직도 못 하는 사람이 매우 많습니다. 당신이 그 사람들의 분노나 억울함을 방송을 통해 일본 사회에 호소해야 하는 것 아닙니까?"라는 것이었다.

나도 고민했다. 분명 그 사람의 말은 알겠지만 '차별받는' 것만을 항상 주장한다고 앞으로 나아갈 수 있는 것이 아니지 않는가? 게다가 30분 방송에서 차별을 호소하기에는 한계가 있다. 자칫하다가는 제대로 말하지 못하고 끝날 수도 있는데 말이다. 어떻게 자기 생각을 간결하게 말할까 고민한 끝에 방송 당일 나는 솔직하게 내가 느낀 대로 말하기로 했다.

"차별, 차별이라고 너무 강조하거나, 과거 일에 너무 얽매이는 것이 과연 어떨지 모르겠습니다. 물론 과거를 잊어서는 안 됩니다. 그러나 3세, 4세쯤 되면 일본인화되는 것은 어쩔 수 없으며 애국심이라든가 민족의식도 옅어지고 맙니다. 그렇기 때문에 일본인으로 동화되는 것이 아니라 조화를 이뤄가는 게 중요하다고 생각합니다."라고.

최근에 '공생'이라는 말을 자주 듣는데, 나는 바로 그것이라고 생각한다.

내 발언에 대한 주위의 반응은 그야말로 찬반양론이었다.

"잘 말했어. 그 말 그대로야."라는 사람, "그런 생각은 이상하지 않아?"라는 사람까지.

그러나 나는 그것으로 좋았다. 찬반양론이라는 것은 즉 중립적이라는 것이 아닌가. 하나의 일에 대해 모든 사람이 동의하는 것은 거의 어지간하지 않고는 있을 수 없다. 많은 수의 재일코리안 전원이 찬성한다는 건 있을 수 없는 일이다.

부득이하게 일본으로 건너온 1세들이나 나라를 위해 힘쓰고 있는 사람들은 분명 '한탄스럽다'라고 노여워할지도 모른다.

실제로 조선학교에서 교사를 하는 친구 한 명이 "너, 예쁘게 꾸미며서 텔레비전 같은 데 나가서 저 좋을 대로 말할 수 있어 좋겠네."라고 악의를 가득 품고 내게 말한 적도 있다.

하지만 정말로 2세, 3세에게는 나와 같은 생각이 있는 사람도 많다.

내 주위에도 일본인으로 귀화하거나 일본인과 결혼하는 사람이 많이 있다. 그것은 누구에게도 탓할 수 없는 사실이다.

그러나 일본인 중에서도 코리안 이상으로 우리를 이해하는 사람도 아주 많다.

그런 사람과 우연히 만나 결혼하고 행복해진다면 그만큼 기쁜

일도 없지 않을까? 그런데도 민족 반역자가 되는 것일까?

　나는 같은 세대의 재일코리안 남성에게 "건방지게 달갑지 않은 소리 하고 있네."라는 말을 자주 듣는다. 주변을 둘러보면 자신은 한 걸음 뒤로 물러나서 남성을 앞세우거나 자신의 의견을 별로 말하지 않는 재일코리안 여성이 많다.

　그러나 영화에서 주인공의 어머니가 자기 혼자서 가게를 내고 착실히 일해 현재 나름 성공적인 삶을 성취했다고 몇 번이고 말하는데, 그 어머니의 억센 모습도 본래 코리안 여성이 가지고 있는 것이다.

　나 자신, 아직 결혼하지 않았기에 말해 두는 것인데, 말이 통하는 일본인 남성이 코리안 남성보다 더 많다는 것에 놀랐다. 지금 현재 결혼 예정이 없기 때문에 코리안과 결혼할지, 일본인 남성과 할지는 모르겠다. 주인공도 엄마에게 다음과 같이 호소한다. "내가 누구랑 결혼하면 되겠어?" 그 기분 아주 잘 안다. 나 또한 나이가 찼고 부모에게 '재일코리안과 결혼해. 없으면 한국 사람. 타협해서 일본인, 하기 싫으면 결혼하지 말고 집에 쭉 있어도 좋아."라는 말을 가끔 듣는다. 내 개인적으로 결혼은 할 생각이다. 하지만 타협은 싫다. '이 사람'이라고 생각되는 사람이 있으면 어느 나라 사람이라도 좋다.

　그러나 내가 만약에 일본인과 결혼해도 귀화는 하지 않을 생각이다. 가령, 혹시 신일본인이 됐다고 하더라도 피는 바뀌지 않으며 나는 재일코리안으로 태어난 것을 자랑스럽게 생각한다.

　나에게 맞게 해석하고 달리 생각해 보면 나에게는 '일본'과 '한반도'라는 두 개의 고향, 두 개의 나라가 있는 것이다.

좀 더 '일상'으로서의 재일코리안 영화를 보고 싶다

정말로 운이 좋게도 본명으로 일을 해 왔다. 차별받은 적도 없고, 죽을 만큼 억울하고 분한 적도 그렇게 많지는 않다. 때문에 내 생각이 무른 것인지도 모른다.

어렸을 적부터 나는 조부모로부터 "일본 사람한테 지지 마라. 공부든, 일이든 일본 사람보다 잘하도록 노력하지 않으면 안 돼." 라고 항상 들어왔다. 하지만 나는 어깨에 힘주며 무리해서 본명을 고집한 것도 아니며, 재일코리안으로서 허세를 부리며 살아온 것도 아니다.

자연스럽게 생각하는 대로 해왔던 것이다.

사람들 모두 제각각의 인생이 있으므로 운이 좋거나 나쁠 수도 있으며 인생에서 타이밍이라는 것도 있다.

그러나 과거가 있으니까 지금이 있다는 것 또한 잊지 않을 것이다.

어쨌든 이 영화, 모든 재일코리안이 보길 바란다. 물론 일본인 들은 더더욱 보길 바란다.

이 영화는 재일코리안의 일상이라고 생각한다.

주인공 모자가 북한에 짐을 보낼 때 보이지 않도록 소포 상자 바닥 뒷면에 돈을 숨겨 보내는데, 그러한 것도 '일상'인 것이다.

마지막으로 이 영화의 제작진분들이 혹시 다음 영화를 만들 예정이 있다면, 우리 재일코리안을 포함해, 북한 사람, 한국 사람의 좋은 면, 나쁜 면을 아주 리얼하게 그려서 일본이나 전 세계 사람 들에게 우리의 '일상'을 보여주길 부탁한다.

일본 영화 속의 재일상

몬마 다카시

1964년 아키타 태생, 영화연구자, 현 메이지학원대학 문학부 예술학과 교수. 다마미술대학 미술학부 졸업, 세이부 백화점 시부야점 시드홀에서 영화 상영기획을 담당했으며 〈이미지 포럼〉 등에서 영화 비평 등을 했다.

지금까지 많은 한국·조선인이 일본영화에 등장했다. 몇몇 작품을 선택하여 시대적 배경을 쫓으며 되돌아보고자 한다.

전쟁 전의 작품

먼저 전쟁 전의 작품에서는 명분상 조선인은 일본인이 보호해야만 하는 사람들로 그려졌다.

다사카 도모타카 감독의 《이 어머니를 보라》(1930)는 내무성 검열에서 좌익 사상을 선동할 위험이 있다는 이유로 조선인이 등장하는 장면을 포함 46미터에 달하는 대량의 필름이 잘린 영화이다. 좌익 사상과 상관없이 도시의 빈민가를 그리면 당시의 사회적 상황에서 가난한 조선인이 등장하는 것은 당연했다. 한일병합에 의해 조선인이 행복하게 살 수 있게 됐다는 것이 일본의 명분이었기 때문에 그러한 장면이 마음에 들지 않았던 것이다. 지바 야스키 감독의《벽돌 여공》(1940)에서도 빈민가가 그려진다. 시미즈 히로시 감독의《아리가토상》(1936)에는 한복을 입고 가재도구를 지고 이동하는 조선인들이 등장한다. 당시 많은 조선인 노동자가 일본 전국의 도로 공사에 종사했고 그 대부분이 현장에서 현장으로 일터를 전전하며 불안정한 생활을 강요당했던 배경이 있다. 이 영화에서의 조선인들의 모습은 당시 일본인에게는 익숙한 광경이기도 했다. 또한, 고쇼 헤이노스케 감독의《꽃바구니의 노래》(1937)에서는 조선인 요리사가 등장한다. 명랑하고 쾌활하고 호감 가는 청년으로 묘사되지만 조선인 말투의 일본어가 희화화된다.[1]

식민지 시대 조선의 민간 영화사는 조선영화제작 주식회사, 이른바 조영이라는 국책 영화사로 통합됐다. 여기서 이마이 다다시 감독은《망루의 결사대》(1943)를 찍었다. 조선과 구만주 사이의 국경인 압록강을 지키는 경비대를 그린 영화로, 국경 경비의 중요성을 선전하는 것이 목적이지만 빨치산 부대의 습격 장면이 서부극처럼 연출되었다. 그러나 이 빨치산 부대라는 것은 만주에 거점을 둔 조선인에 의해 조직된 항일 독립군일 것으로 생각한다. 조선인들이 그 영화를 복잡한 심경으로 봤을 것이라는 건 상상하기 어렵지 않다.

---

[1] 외국인을 묘사할 때 어눌한 말투를 익살스럽게 다루는 경우가 자주 있다. 일본인이 연기하는 외국인이 영어식 억양이나, 혹은 중국어식 억양으로 어색하게 일본어를 한다. 실제로 재일외국인이 말하는 일본어와는 크게 차이가 나는 부분도 제법 있다. 그런데 전후 일본영화에서 중국인 어투의 일본어는 빈번하게 등장하지만, 조선인 어투의 일본어는 별로 등장하지 않는다.

또한 시미즈 히로시 감독은 단편 아동영화《친구》(1940)를 경성에서 찍었다. 일본인 아이와 조선인 아이가 만나 친해지는 모습을 그린 영화이지만 결과적으로는 '내선일체2)' 정책에 이용된 것이었다고 할 수 있다.

종전 후의 작품

태평양 전쟁으로 일본이 패배하고 조선이 해방되면서 일본영화도 조선인을 그리는 방식을 바꾼다. 조선인을 억압해 온 속죄 의식이 작용한 측면과 좌익 영화인이 자유롭게 활동할 수 있게 됐기 때문이다. 이 시기는 조선을 지배한 것에 대한 반성의 의미에서 기본적으로 조선인 차별을 부정하는 종류의 영화가 등장하게 됐다. 예를 들어 고바야시 아키라 감독의《두꺼운 벽의 방》(1956)에서는 일본의 전범으로 몰린 조선인의 비극을 그리고 황민화 정책을 단죄한다. 우치다 도무 감독의《마지막 고비》(1957)에서는 조선인을 존엄하게 그리고, 모리조노 다다시 감독의《어머니와 소년》(1958)은 조선인을 주인공으로 하여 교육적 시각에서 조선인에 대

---

2) 내선(內鮮)은 내지(內地: 일본 본토)와 조선(朝鮮)이 합쳐진 말로 대일본제국이 조선을 병합하고 식민지 지배하던 시대에 일본 본토와 조선의 경제적, 문화적인 격차를 없애려고 내선일체라는 구호를 내걸었다. 일본어를 공용어로 하고 일본식 이름으로 개명시키는 등, 일본문화를 강요하여 조선인을 일본인화시키려고 한 황민화 정책이다. 덧붙여 당시 일본인이 조선을 간략하게 칭할 때 '조(朝)'을 빼고 '선(鮮)'자만을 쓴 것은 황실을 지칭하는 조정(朝廷)의 '조'와 일치하여 황실에 대한 불경으로 간주했기 때문이라는 설도 있다.

한 차별과 편견을 타파하기 위해 만든 영화이다. 이마이 다다시의 《저것이 항구의 불빛이다》(1961)에서는 당시 '이 라인3)' 주변에서 조업 중이던 일본 어선이 때때로 나포되던 문제를 배경으로 '반쪽발이'로서의 재일을 주제로 이야기를 이끌어간다. 이 라인에서 목숨만 겨우 건져서 도망쳐 온 저인망 어선 선원인 기무라(에하라 신지로)는 국적이 다르다는 이유로 스파이 취급을 당한다. 그리고 나포됐을 때에는 한국인으로부터 반일본인이라고 멸시받는 모습이 묘사된다.

이마무라 쇼헤이 감독의 《작은 오빠》(1959)는 1953~54년경 한국전쟁 특수와 진무경기 사이의 불황기를 배경으로 사가현의 작은 탄광 마을의 재일조선인 가족의 이야기를 그린 영화이다. 아버지를 잃은 야스모토 일가는 장남인 스무 살의 기이치(나가토 히로유키)가 남동생과 여동생 2명을 키우기 위해 탄광에서 임시직으로 일하게 된다. 기이치는 정식 채용이 되지 못하고 불경기가 오면서 가장 먼저 해고된다. 기이치의 친구 가네야마(오자와 쇼이치)는 넝마주이를 하는 조선인으로, 장녀인 요시코에게 일을 소개해 주며 "힘내. 어차피 우리 조선인은 항상 제일 먼저 잘려."라고 말한다. 치마저고리를 입은 노파도 "옛날에 조선인은 훨씬 강했지."라며 막내인 스에코를 위로하며, 동포끼리 마음 가득 서로 도우며 사는 모습을 보여준다. 숯쟁이 집에 맡겨진 동생들이 한국 요리의 매운 맛 때문인지 음식에 적응하지 못하는 모습도 그려진다.

---

3) 이승만 정권 시대 한국과 일본 사이에 정해진 어업 수역으로 조업 중인 일본 어선이 때때로 이 라인을 넘어가 한국 측에 나포되는 일이 빈발하여 국제문제가 됐다.

우라야마 기리오 감독의 《큐폴라가 있는 거리》(1962)에서도 재일조선인이 중요한 역으로 등장한다. 주인공 이시구로 준(요시나가 사유리)은 중학교 3학년이다. 주물공장에서 일하는 아버지 다쓰고로(도노 에이지로)와 어머니 도미(스기야마 도쿠고), 그리고 동생 다카유키와 검소하게 살고 있다. 골목대장인 다카유키는 항상 산키치랑 놀고, 또한 산키치의 누나인 요시에는 준과 같은 반 친구이기도 하다. 산키치의 어머니 미요(스가이 긴)는 일본인이지만 아버지(하마무라 준)는 조선인이다. 산키치의 아버지는 북한으로 돌아갈 생각을 하고 있다. 그러나 일본인 아내는 타국인 북한으로 가기를 주저한다.

준이 조선인 요시에와 사이좋은 것을 알게 된 어머니는 "그 조선인 말이니? 안 좋은 놈들이야."라며 눈살을 찌푸리고, 술 취한 아버지는 "이 년! 조선인이랑 노는 거냐? 이 몹쓸 년."이라며 화를 낸다. 그러나 준은 의연하게 "조선 애랑 같이 노는 게 뭐가 나쁜데요? 아빠."라고 따진다. 귀국이 정해진 산키치를 위해 다카유키는 학예회의 주역을 양보한다. 여주인공 역의 가오리를 좋아하는 산키치에게 일본에서의 추억을 만들어 주기 위해서다. 학예회에 올리는 극은 쥘 르나르의 〈홍당무〉이다. 산키치가 "저는 홍당무입니다. 머리카락이 빨개서 부인이 지어준 겁니다."라는 대사를 하자 갑자기 누군가 "산키치는 조선 인삼!"이라고 놀린다. 산키치는 거기에 동요해 그다음 대사를 잊어버리고 만다.

이윽고 산키치네 가족이 북한으로 떠나는 날이 찾아왔다. 가와구치 역 앞에는 북한으로 귀국하는 사람들을 송별하기 위해 많은

인파가 몰려있다. 중앙에 별 모양이 박힌 북한 깃발이 나부끼고
〈김일성 장군의 노래〉를 합창하는 소리도 들린다. 다카유키는 "북
한은 새로운 국가 건설로 바쁘니까 유리구슬 같은 거 없겠지? 너
뽐 좀 낼 수 있겠어."라고 말하며 작별 선물로 유리구슬이 가득 담
긴 주머니를 산키치에게 건넨다. 요시에는 준에게 자기가 쓰던 자
전거를 준다.

《작은 오빠》와 《큐폴라가 있는 거리》는 이 시기 재일조선인이
라는 존재를 가난하면서도 맑고 착하게 앞을 바라보고 살아가는
사람들이라는 전형적인 이미지로 그렸다.

《큐폴라가 있는 거리》는 고등학생이 된 준이 등장하는 속편도
제작됐다. 노무라 다카시 감독의 《미성년, 속·큐폴라가 있는 거
리》(1965)이다. 일본 고등학교 학생들과 조선 고등학교 학생들이
시비가 붙은 일촉즉발의 상황에서 한 조선인 남학생이 "너희들의
도발에는 안 넘어가."라며 의연하게 되받아친다. 그런 늠름한 청
년을 준은 지그시 쳐다본다.

오시마 나기사의 작품

다른 한편으로 오시마 나기사 감독은 한국·조선인 문제를 적극
적으로 자신의 작품에서 다루어 왔다.

그중에는 한국에서 찍은 스틸 사진으로만 만든 실험적 요소가
강한 《윤복이의 일기》(1965)가 있다. 그리고 일본군 병사로 징병
되어 장애를 입었으나 퇴역 후 연금도, 보상도 못 받은 채 힘겹게

살아가는 재일조선인에 관한 다큐멘터리 《잊혀진 황군》(1963)등이
알려져 있다.

또한 《일본춘가고》(1967)에서는 여고생인 가네다 사치코(요시다
히데코)가 조선인 위안부의 노래를 부르는 장면이 나온다. 그녀는
아마도 김씨 성을 가진 재일조선인이라고 생각된다. 이야기의 결
말 부분에서 등장인물 중 한 여성(고야마 아키코)이 돌연 교단에서
일본인의 조상은 한반도에서 건너왔다는 학설(에가미 나미오가 주장
한 '기마민족 정복왕조설'일지도)을 거침없이 진술하며 "일본인의 고향
은 조선입니다!"라고 소리 높여 선언한다.

저예산으로 제작된 《교사형》(1968)은 블랙 코미디적 요소가 가
득한 매우 뛰어난 작품이다. 사형수인 청년 R(윤용도)에게 교수형
이 집행되지만 무슨 일인지 R은 죽지 않는다. 게다가 교수형 집행
의 충격으로 자신이 R이라는 사실을 모르는 기억상실 상태가 된
다. 그 상태로 형을 집행하는 것은 법률로 금지되어 있어 관계자
는 그가 저지른 죄를 기억나게 하려고 R의 살인이나 가정환경을
어설픈 연극으로 재연하기 시작한다. 이윽고 R은 자신이 R이라는
것을 인정하게 되지만 "당신들이 말하는 R이 아니기 때문에 무죄
입니다."라고 최후 변론을 한다. 그러나 R 은 그러한 사상 때문에
살려두는 것이 불가능한 존재라고 선고받는다. 주인공 R은 1958
년 여름에 일어난 고마쓰가와 사건4)의 사형수로, 62년에 형이 집

---

4) 1958년 여름 도쿄도립 고마쓰가와 고등학교의 여학생을 폭행, 살해한 범인으로
재일조선인 청년 이진우가 체포됐다. 재판에서 사형 판결을 받고 형이 집행됐다. 그러나
판결과 관련해 명료하지 않은 부분도 많이 있어 억울하게 죄를 뒤집어썼다는 설도 있다.

행된 재일조선인 이진우가 모델이다.

영화 속에서 교육부장은 R에게 "자네는 조선인 R이다. 전에는 K라는 일본 이름을 쓴 적도 있지만⋯."이라고 말을 하지만 R은 "조선인이라는 것은 무엇입니까?"라고 묻는다. 교육부장은 단순히 지리적인 설명밖에 못 하고 의무관에게 실소를 산다. 일본인은 재일조선인이 어떠한 존재인지를 실제로는 모른다는 사실을 비꼬아 보여주는 것이다.

일본과 영국 합작인 《전장의 크리스마스》(1983)는 태평양 전쟁 당시 인도네시아 자바에 있는 일본군의 연합군 포로수용소를 무대로 한다. 영국의 작가 로렌스 반 데르 포스트가 포로수용소에서 겪은 자신의 실제 경험을 바탕으로 쓴 소설 『씨앗과 파종자(The Seed and the Sower)』가 원작이다. 오시마 나기사는 원작에는 없는 이야기를 영화에 넣었는데, 가네모토라고 불리는 조선인 군속이 징벌방에 갇힌 네덜란드 병사 칼 드 용과 성관계를 가진 것이 발각되어 하라 중사(기타노 다케시)에게 처벌받아 할복하게 된다. 할복 장면에서 가네모토는 영화 속 그의 유일한 대사인 "아이고!"라며 한국어로 외친다. 조선인이지만 마지막 죽는 순간까지도 일본식으로 강요당하는 부조리가 여기에 나타난다. 조선인 군속을 연기한 조니 오쿠라는 재일한국인 2세이자 또한 그의 아버지도 일본군 군속이었다.

70~80년대 작품

이 시대가 되면 조선인 상도 어느 정도 다양화된다. 크게 나눠 보면 다큐멘터리, 임협 영화, 문예 영화 등이 있다.

누노카와 데쓰로 감독의 《왜놈에게 - 재한 피폭자무고의 26년》 (1971)은 다큐멘터리 영화이다. 부산의 원폭 피해자 8명이 박정희 대통령의 취임식에 참가하기 위해 방한한 사토 에이사쿠 총리에게 직접 배상을 요구하기 위해 호소문을 들고 서울로 향한다. 그러나 결국 호소문을 전달하지 못하고 그들 8명은 붙잡히는데, 그 과정을 좇은 작품이다.

야마시타 고사쿠 감독의 《일본폭력열도 게이한신 살인 군단》 (1974)의 주인공들은 조선인 야쿠자로 실제 인물을 모델로 했다. 영화의 오프닝 시퀀스에서 고기를 다듬는 여성이나 고철상 등이 등장하며 "쇼와 27년(1952) 오사카 쓰루하시"라는 자막이 뜬다. 그곳은 재일조선인이 많이 사는 지역이라는 것은 말할 필요도 없다. 하나키 유(고바야시 아키라)는 자신을 습격하다 크게 다친 불량배 가네미쓰 고지(우메미야 다쓰오)에게 자신의 피를 수혈해준다. 가네미쓰는 "네 녀석의 피를 받기보다 차라리 돼지 피가 낫지!"라고 말하고, 하나키는 "안심해. 너와 난 같은 피야."라고 말한다. 두 사람 모두 조선인이라는 의미이다. 또한 일본인 야쿠자(무로타 히데오)가 그들에게 퍼부은 "저 녀석들은 먹는 게 달라."라는 말에서는 마늘이나 고춧가루를 듬뿍 넣은 조선 요리에 대한 멸시가 느껴진다. 지금에 와서 조선 요리는 에스닉 요리로 불리며 일본인 사이에서도 인기가 많지만, 당시는 마늘이나 부추 냄새 혹은 매운맛에 조금 거부감이 있던 시대였다. 조직원인 니시다(이부키 고로)는 뒤늦게 조직에 들어온 가네미쓰가 자신을 제치고 하나키의 오른팔이 된 것이 불만이다. 그는 술에 취해 하나키에게 푸념을 늘어놓는다. "형님이 믿는 사람은 가네미쓰뿐입니다. 제가 일본인이라서 그런(차별하는) 겁니까?" 하나키는 니시다의 말에 깜짝 놀라고 니시다도 자신의 말이 지나쳤다고 후회한다. 이 정도까지 보여주면서도 이 영화에는 '조선인'이라는 말이 단 한 마디도 나오지 않는다. 또한 마지막 내레이션도 의미가 깊다. "그는 바로 그 순간 천정회로부터 파문당했다. 하지만 그는 원래부터 모든 곳으로부터 파문되어 있었다." 여기서 '모든 곳으로부터 파문'이라는 것은 단순히 무법자를 넘어 조선인이 일본이라는 사회에서 차별받는 것에 대한 비유가 아닐까?

그 밖에도 후카사쿠 긴지 감독의 《야쿠자의 무덤 - 치자나무의 꽃》(1968)이나 나카지마 사다오 감독의 《총장의 목》(1979)에도 조선인 야쿠자가 등장한다.

이즈쓰 가즈유키의 《악동 제국》(1981)은 오사카의 불량 고등학생, 이른바 양아치 고등학생들의 이야기인데 재일조선인 고등학생들도 등장한다. 그들은 한국어로 대화를 하고 화면에는 일본어 자막이 나온다. "조선 고교는 축구가 강해."라는 대사와 "조선고교 남학생들은 싸움을 잘해."라는 대사가 자주 나온다. 즉 '한국·조선인 남자 고등학생은 강경파'라는 고정관념이 일본인 사이에서 작용하고 있다는 것이다. 일본인들 사이에서 '한국·조선인은 무섭다'와 같은 편견이 생긴 것은 일본의 교과서에서 고대에서부터 근대에 이르는 긴 역사 동안 한반도에서 건너온 사람이 일본문화에 이바지한 역할 등을 제대로 가르쳐 오지 않은 것도 간접적인 원인으로 작용했다고 본다. 또한 매체를 통해 보는 한국과 관련된 영상도 독재정권이나 쿠데타 등의 어두운 면만 보여줬던 것도 그러한 고정관념을 형성하는 데 일조했다.

이즈쓰 감독이 재일의 이야기를 본격적으로 다룬《악동 제국2 – 악질 전쟁》(1981)은 여러 가지 이유로 결국 창고에 처박히는 신세가 됐다.

오구리 고헤이 감독의 《가야코를 위하여》(1984)는 재일의 작가 이회성의 동명의 소설을 영화화한 것이다. 쇼와 30년대(1955~1965) 홋카이도와 도쿄를 무대로 재일조선인 2세 청년 임상준(오승일)과 조선인과 일본인 여성 부부 밑에서 자란 일본인 양녀 가야코(미나미 가호)와의 사랑과 이별에 관한 이야기이다.

가야코의 양아버지인 마쓰모토 아키오(하마무라 준)는 본명이 정순추라는 재일 1세로 상준의 아버지 규수(가토 다케시)와는 함께 대한해협을 건너온 친구 지간이다. 그 둘은 사할린에서 종전을 맞이하고 홋카이도로 귀환했다. 아키오는 일본인 도시(소노 가야코)와 결혼하고 일본인 고아 가야코를 키웠다. 가야코의 어머니 도시는 자신이 조선인과 결혼한 것을 후회하고 있으며 상준의 아버지 규수는 자식들이 조선인 여성과 결혼하기를 바란다. 당연 두 사람 모두 상준과 가야코의 결혼을 반대한다.

상준의 아버지 규수는 15살에 아버지를 여의고 큰형은 집에 남은 채 작은 형과 함께 일을 구하러 일본에 건너와 고생한 넋두리를 아들들에게 늘어놓는다. 그리고 "조선인답게 굴어."라고 을러댄다. 그러나 이미 반쯤 일본인이 된 아들들의 눈에는 매일같이 하는 잔소리로밖에 들리지 않는다. 그리고 한국말로 "아이고, 이 원수를 누가 갚을까?"라며 자신의 운명을 한탄한다.

이쿠시마 지로의 소설을 마스다 도시오가 영화로 만든 《한쪽 날개의 천사》(1986)에는 한국인 매춘부가 등장한다. 우연히 동료에게 이끌려 증기탕에 간 중년의 소설가(니타니 히데아키)는 아키노 요코가 연기하는 아카기라는 가명의 매춘부를 알게 된다. 그는 그녀가 한국인이라는 것을 알고 성관계를 망설인다. 예전에 자기들의 식민지였던 나라의 여성과 금전적으로 성관계를 가지는 것이 어딘가 거북하게 느껴지는 것이다.

90년대 작품

후지 텔레비전의 드라마 《1970 우리들의 청춘》(각본: 마쓰바라 도시하루, 연출: 스기타 시게미치)에는 북한에 귀국하는 고등학생이 등장한다. 1990년 섣달그믐날 밤, 니시와키 마코토(가자마 모리오)는 현재 북한에 사는 어릴 적 친구 가나야마 히토시가 보낸 그림엽서를 읽는다. 엽서에는 "동창회에 가지 못해 아쉽다. 나는 지금 국가 건설을 위해 힘쓰고 있어. 모두에게 안부 전해줘. 보고 싶다. 너희들과 만나고 싶다. 언젠가 가까운 미래에 분명 만날 수 있을 거야. 그럴 거라 믿고 있어."라고 쓰여 있고 우편 소인은 평양이다.

니시와키는 1969년 12월부터 1월, 즉 고등학교 3학년 때를 회상한다. 니시와키 마코토(요시오카 히데타카)는 정치 문외한이라는 별명이 있고, 그의 친구들도 각각 리쿠소(하기와라 마사토), 반초(쓰쓰이 미치타카), 니시키(나가호리 다케토시)라는 별명으로 서로를 부른다. 이야기 중반에 반초네 가족이 나오는데, 반초 즉, 가나야마 히토시의 집은 작은 시계방을 한다. 아버지(하시즈메 이사오)는 한됫병에 담긴 하얗고 탁한 술(막걸리로 보인다)을 마시고 있다. 반초는 자기 방에서 라디오로 한국어 방송을 듣고 있다. 구체적인 설명은 없지만, 부자간의 대화를 통해 반초는 자기 혼자 북한으로 귀국할 것을 결정한 듯하다. 그리고 귀국 결심을 못 하고 현재까지 일본에 머물러 있는 재일 1세 아버지, 귀국을 반대하는 듯한 어머니(그런데 영화 속에서 직접적으로 등장하지 않기 때문에 조선인인지 일본인이지는 분명하지 않다), 그리고 아무것도 모르는 여동생, 이렇게 재일조선인 가족의 전형적인 모습이 나온다.

졸업식을 눈앞에 두고 갑자기 반초가 말을 꺼낸다. "나, 고향에 돌아간다. 북한으로 갈 생각이야. 말 안 해서 미안해. 전에부터 쭉 생각했던 거야. 나, 일본인이 아니야." 니시와키와 친구들은 깜짝 놀라 울며 매달리며 친구의 귀국을 말리지만 그의 의지는 확고하다. 니시와키의 대사가 겹쳐지며 "… 내가 국가라는 애처로운 개념과 처음 정면으로 마주한 때였다. 어떠한 부정도 못 하고 일본인이라는 것을 처음으로 알게 된 날이었다…." 반초는 졸업식도 하기 전에 북한으로 가고, 그리고 20년 후 동창회가 열렸지만 가나야마 히토시는 결석했다.

1991년에 후지 텔레비전은 《김의 전쟁》이라는 드라마를 제작했다. 혼다 야스하루의 작품 『사전(私戰)』을 바탕으로 재일조선인 사건 중에서 매우 유명한 김희로 사건5)을 다룬 이색적인 드라마이다. 김희로 역은 기타노 다케시가 맡았고 사건의 경위를 재인조선인의 시각에서 깊게 파헤쳤다는 점에서 평가받을 수 있는 작품이다.

후카사쿠 긴지 감독의 《언젠가 찬란하게 빛날 날》(1992)에는 다음과 같은 장면이 있다. 폭력단 리더인 간자키(하기와라 겐이치)는 살해당한 동료 중 한 명인 이무라(이시바시 렌지)의 유품인 수첩을 열어 본다. 간자키는 이무라의 운전면허증에 적혀 있는 이름을 보고 그가 재일조선인이라는 것을 처음으로 알게 된다.

재일 영화인의 작품

이학인 감독의 《이방인의 강》(1975)은 재일 영화인이 직접 재일을 그린 선구적인 작품이다. 주인공을 연기한 조니 오쿠라는 엔딩 크레딧에 본명인 박운환이라는 이름으로 나온다.

일본식 이름으로 일본인으로 살아가려 했던 재일 2세 청년이 동포 여성을 사랑하게 되면서 한국의 정치 현실을 접하고, 조국의

---

5) 1968년 2월 재일조선인 김희로가 시즈오카현 시미즈 시의 한 클럽에서 2명의 일본인을 사살하고 같은 날 밤 스마타쿄 온천의 여관에서 손님들을 인질로 삼아 4일간 농성을 한 사건이다. 방송 매체가 연일 보도를 이어 나가고 농성 중이던 김희로 본인이 방송국과 전화로 인터뷰를 하는 등 당시로써는 전대미문의 현상이 일어났다. 사건의 배경에는 조선인에 대한 뿌리 깊은 차별 문제가 있었다. 이후 무기징역을 받아 구마모토 형무소에 31년간 수감된 후 1999년에 석방됐다.

역사를 알게 되면서 민족의식에 눈을 떠나간다는 줄거리이다. 독립영화로 제작됐기 때문에 일반에는 별로 알려지지 않았다.

재일의 자화상이라고도 할 수 있는 영화가 일반 극장에서 공개된 것은 그로부터 십여 년이 지난 후 김우선 감독의 《윤의 거리》(1989)가 처음일 것이다. 이 영화는 재일 여성과 일본인 청년의 연애를 그린다. 각본은 81년에 기도상을 받은 김수길이 맡았다.

오사카의 서민 동네에 사는 16세의 여고생 신윤자(강미범)는 윤이라는 애칭으로 불린다. 윤은 동네에서 작은 공장을 경영하는 아버지(이가와 히사시), 오코노미야키 가게를 하는 어머니(이예선), 그리고 할머니와 함께 살고 있다. 윤은 일본인 청년 유지(다나카 미노루)와 교제를 한다. 그녀는 장래 희망 등 자신에 관한 이야기와 함께 재일조선인 동네에서 태어난 재일 3세라고 고백한다. 유지는 윤과의 데이트 후 집에까지 배웅해 주는데, 술에 취한 윤의 아버지가 유지에게 시비를 건다. "왜 우리가 일본어로 지껄이는지 알고는 있는 거냐?"

어느 날, 유지의 친구 마코토(미쓰이시 겐)가 사건을 일으켜 체포되고 유지는 그제야 처음으로 그가 재일이라는 것을 알게 되어 충격을 받는다. 윤은 "친구인데 몰랐던 거야?"라고 묻는다.

극 중 윤에게 프러포즈한 유지는 그녀에게 일본에 귀화할 것을 권유한다. 어떻게 되든 일단 귀화만 하면 여러 가지로 번거로운 일이 없어질 거라 생각한 것이다. 그러나 윤은 거절하고 유지는 자기 생각이 얼마나 짧았는지 깨닫는다. 그리고 자신의 삶에 관해서도 생각하게 된다.

이 영화에는 지문날인, 일본식 이름, 할아버지의 강제동원 체험, 출입국관리법, 재일조선인에 대한 편견 등, 재일이 안고 있는 문제가 구석구석 가득 담겨 있다. 그래서일까? 사람에 따라서는 다소 도덕 교과서 같은 느낌이 들 수도 있을 것이다. 그렇다고는 해도 재일조선인의 일상을 이렇게 생생하게 그린 작품을 일본인이 만든 적이 없다는 것이다.

그리고 최양일 감독의 《달은 어디에 떠 있는가》(1993)이다. 그가 자신의 출신과 관련한 이야기를 다룬 최초의 작품으로, 주인공은 재일조선인 택시 운전사이다. 이 영화는 《윤의 거리》보다 더욱 깊이 파고든다. 그리고 제대로 된 재일 표상이 나온다. 적어도 재일을 인생의 딜레마에 빠져 고뇌하는 인물들로 그리지 않았다는 것이다.

또한, 매우 흥미로운 장면 중 하나가 조선의 전통적인 것과 일본적인 것이 혼재한, 재일조선인의 결혼 피로연 장면이다. 적어도 영화를 통해 봤을 때는 신랑·신부의 복장, 피로연장에서 부르는 조선 노래 외에는 일본인이 하는 피로연과 차이 없는 것처럼 보인다. 신랑은 조선계, 신부는 한국계여서 결혼식에 참석한 손님들도 양쪽이 뒤섞여 신랑 친구인 사회자(김수진)가 양쪽 손님들 모두를 신경 쓰며 당황하는 장면도 재미있다. 북한 노래만 계속 부르니까 민단의 간부(황우철)가 "왜 민단 쪽 지역 단장님 노래는 안 시키는 거야?"라고 따진다. (북한 노래를 하지 말라고는 하지 않는다) 그러나 손님들은 어느 쪽 노래가 나와도 상관하지 않는다.

주인공 다다오는 어느 날 밤 젊은 회사원(하기와라 마사토)을 태운다. 그는 다다오가 조선인이라는 것을 알고 매우 정중하게 "아, '재일한국·조선인'이군요."라고 또박또박 확인하듯이 고쳐 말하고 한국을 잘 알고 있다는 듯이 말하지만 실은 아무것도 모른다는 것이 그다음 장면에서 드러난다. 한국 전문가로 자부하는 일본의 언론인을 향한 비아냥처럼도 보인다. 이 장면을 약간 거북하게 느낀 사람도 많을 것이다. (나도 그랬지만)

돌파구라는 말이 어울릴지 모르겠지만 《달은 어디에 떠 있는가》는 재일조선인의 한 단면을 선명하게 도려내어 보여줬다. 한 가지 빠트린 것 같은 느낌이 든다. 일본인과 재일 모두를 상대화해서 아주 성공적으로 그려냈다.

일본인은 이제까지 조선인을 막론하고 재일 아시아계 외국인(아이누나 오키나와인도 그렇겠지만)을 연약한 양들로 그려온 혐의가 짙다. 즉 그들과 정면으로 마주하는 것을 피해 온 것이다. 그렇기 때문에 일본영화는 일본인을 상대화해서 그려낼 힘을 계속해서 잃어버리고 있는 것이다. 《달은 어디에 떠 있는가》 이후 일본영화가 다른 민족을 어떻게 상대화해 나갈 수 있을지 끝까지 지켜보고 싶다.

집필진 소개

이봉우

재일 2세 영화제작자. 일본 조선대학교를 졸업한 후 프랑스 소르본 대학에서 유학. 《달은 어디에 떠 있는가》, 《박치기》, 《훌라 걸스》 등을 제작하였으며 임권택 감독의 《서편제》, 《춘향전》, 《태백산맥》을 비롯해 《쉬리》, 《살인의 추억》 등을 일본에 배급하여 한류 붐을 이끌었다.

요모타 이누히코

일본의 비교문학자, 영화학자. 메이지가쿠인 대학 교수를 역임했다. 건국대와 중앙대에서 객원교수를 지낸 바 있으며, 한국 문화 및 영화에 조예가 깊으며 한국과 관련한 저서를 여러 권 냈다. 대표적 저서에는 『일본영화 전통과 전위의 역사』, 『일본영화의 래디컬한 의지』, 『우리의 타자가 되는 한국』 등이 있다.

강신자

재일 3세 작가. 도쿄대학 법학부 졸업. 1986년 『가장 보통의 재일한국인』으로 아사히 저널상 수상. 구마모토대학, 게이센여학원대학 등에서 객원교수를 역임했다. 한국에서의 2년간의 생활을 바탕으로 쓴 『나의 월경 레슨 – 한국편』 등, 디아스포라를 주제로 저작 활동을 이어나가고 있다.

안연옥

재일 3세 프리 아나운서. 조선대학교 외국어학부 중퇴 후 간사이 지역을 중심으로 리포터, 방송 진행자로 활동하고 있다.

몬마 다카시

일본의 영화학자. 메이지가쿠인 대학 문학부 예술학과 교수. 한국, 북한을 비롯해 동아시아 지역의 영화를 연구하고 있다. 저서에는 『아시아 영화로 보는 일본 1, 2』, 『조선민주주의인민공화국 영화사』 등이 있다.

번역진 소개

정수완

동국대학교 영화영상학과 교수. 와세다 대학 문학부 박사과정에서 영화이론 및 일본 영화를 전공했다. 전주영화제 프로그래머, 영화진흥위원회위원을 역임했으며, 저서에는 『영화로 보는 한국과 일본』(일본), 『아시아 문화는 월경한다』(일본)와 번역서 『일본 영화 다시 보기 – 작가주의, 장르, 역사』가 있다.

채경훈

부산대학교 예술문화영상학과 강사, 실험영화 감독. 도쿄예술대학 영상연구과에서 일본 영화와 실험 영화를 전공하고 「1950·60년대 일본 영화에서의 재일조선인과 헤테로토피아적 공간」으로 박사 학위를 취득했다. 현재 작품 활동과 함께 아시아 및 일본 영화를 연구하고 있다.

동국대학교 일본학연구소 번역총서

《달은 어디에 떠 있는가》를 둘러싼 두세 가지 이야기

2020년 6월 25일 초판 1쇄 펴냄

편저자 이봉우
옮긴이 정수완·채경훈
펴낸이 김흥국
펴낸곳 보고사

등록 1990년 12월 13일 제6-0429호
주소 경기도 파주시 회동길 337-15 보고사
전화 031)955-9797(代)
02)922-5120~1(편집), 922-2246(영업)
팩스 02)922-6990
메일 kanapub3@naver.com
http://www.bogosabooks.co.kr

ISBN 979-11-6587-063-8   03680
ⓒ 정수완·채경훈, 2020

정가 16,000원

이 저서는 2017년 대한민국 교육부와 한국연구재단의
지원을 받아 수행된 연구임(NRF-2017S1A5B8059712)